U0105025

古典文獻研究輯刊

三六編

潘美月・杜潔祥 主編

第23冊

晚清日本漢文清史專著要論
——佐藤楚材《清朝史略》研究（上）

趙晨嶺 著

國家圖書館出版品預行編目資料

晚清日本漢文清史專著要論——佐藤楚材《清朝史略》研究（上）／趙晨嶺 著 -- 初版 -- 新北市：花木蘭文化事業有限公司，2023〔民 112〕
目 2+138 面；19×26 公分
（古典文獻研究輯刊 三六編；第 23 冊）
ISBN 978-626-344-281-8（精裝）
1.CST：佐藤楚材 2.CST：清朝史略 3.CST：研究考訂
011.08 111022056

古典文獻研究輯刊
三六編 第二三冊 ISBN：978-626-344-281-8

晚清日本漢文清史專著要論
——佐藤楚材《清朝史略》研究（上）

作　　者 趙晨嶺
主　　編 潘美月、杜潔祥
總 編 輯 杜潔祥
副總編輯 楊嘉樂
編輯主任 許郁翎
編　　輯 張雅淋、潘玟靜　美術編輯　陳逸婷
出　　版 花木蘭文化事業有限公司
發 行 人 高小娟
聯絡地址 235 新北市中和區中安街七二號十三樓
電話：02-2923-1455 ／傳真：02-2923-1452
網　　址 http://www.huamulan.tw 信箱 service@huamulans.com
印　　刷 普羅文化出版廣告事業
初　　版 2023 年 3 月
定　　價 三六編 52 冊（精裝）新台幣 140,000 元

晚清日本漢文清史專著要論

——佐藤楚材《清朝史略》研究（上）

趙晨嶺 著

作者簡介

趙晨嶺，1978 年生，中國人民大學史學理論及史學史專業博士，文化和旅遊部清史纂修與研究中心文獻信息處（清史圖書館）處長、副研究員，研究方向為歷史編纂學。曾入選文化部青年拔尖人才，參與國家古籍整理出版專項經費資助重大項目《清代教育檔案文獻》，任分卷主編，著有《晚清日本漢文清史專著舉要——增田貢〈清史攬要〉〈滿清史略〉比較研究》《〈清史稿·本紀〉纂修研究》，發表《〈清史稿·天文志〉纂修考》等論文。

提　要

晚清時期亦即明治年間，日本學者出版了多種用漢文寫成的清史專著，其中包括佐藤楚材的《清朝史略》。

本書首先通過梳理《清朝史略》的序跋，分析其作者及這部史著產生的時代背景。之後從該書的體裁結構及凡例，採集參証書目及附錄官品人名，眉批、註釋及按語、人物及形象刻畫，史事敘述及對華影響等方面，對其主要內容進行解析，並與增田貢《清史攬要》《滿清史略》進行比較。

通過分析比較可知，該書雖有不少舛誤，但體例較為嚴密，體量相當浩大，刻畫人物細緻，史事敘述亦有諸多可取之處。作為晚清日本漢文清史專著中紀傳體史書的代表，其史學價值應當得到肯定。

目次

上冊

下 冊

前　言

本書為《晚清日本漢文清史專著舉要——增田貢〈清史攬要〉〈滿清史略〉比較研究》（花木蘭文化事業有限公司 2022 年版）的續篇。研究緣起及寫作目的已在前書《自序》及《導言》中說明。為免讀者翻查之累，茲簡述如下：

2020 年中，文化和旅遊部清史纂修與研究中心成立了清史纂修史工作組，我在組內的任務首先是深入瞭解百多年來的清史纂修史。在搜索資料時發現了國家圖書館出版社 2008 年出版的《外國人著清史八種》，其中收錄了四種明治時期日本出版的漢文中國史讀物，包括增田貢《清史攬要》《滿清史略》、佐藤楚材《清朝史略》、三島雄太郎《支那近三百年史》。這些著作對研究清史纂修史很有意義，而長期以來學界的研究成果非常有限。

我在《晚清日本漢文清史專著舉要》一書中將上述圖書歸納為晚清日本漢文清史專著進行列舉，並首先對增田貢《清史攬要》《滿清史略》兩書進行了比較研究。本書將對佐藤楚材及其《清朝史略》進行剖析，同時與編纂年代接近的增田貢兩書比較並闡發議論。

2022 年 2 月

第一章　從《清朝史略》的序跋看佐藤楚材及其時代

與增田貢相仿，作為日本清史學者的佐藤楚材，長期未能進入學界的研究視野。2008年，馬大正研究員在為《外國人著清史八種》所作的序言中，介紹了其人其書的基本信息：「佐藤楚材（一八〇一～一八九一）字晋用，號牧山、雪齋。漢學家，曾任弘道館總裁，藩校明倫堂教授，明治維新後成為伊藤博文的老師。一八八一年（明治十四年）纂成《清朝史略》，自努爾哈赤至光緒（天命元年至光緒四年）分立十一卷，並為一百九十四位清人立傳，據該書記述纂修時徵引的清代史籍達七十餘種……本書當是十九世紀日本學人撰寫的一部紀傳體清代通史。」〔註1〕

佐藤楚材比增田貢年長24歲，其出版《清朝史略》則較增田貢《滿清史略》晚1年，較《清史攬要》晚4年。相比《清史攬要》的沒有序跋，《滿清史略》的兩篇序、一篇跋，《清朝史略》的序、跋居然各有五篇之多，陣容可謂豪華。深入分析其內容對我們進一步瞭解佐藤楚材及其時代很有幫助。

第一節　《清朝史略》的序

《清朝史略》的五篇序字體不一，作者各異。前四篇分別為西村茂樹、菊池三溪、中桐儉、薩道懇所作，最後一篇為作者佐藤楚材自序。

〔註1〕殷夢霞、李強選編《外國人著清史八種》，國家圖書館出版社2008年版，第一冊，第七頁。

一、西村茂樹《〈清朝史略〉序》

該序落款為「明治十二年十一月東京學士院會員西村茂樹撰」。鈐有兩印，上白文印為「西村茂樹」，下硃文印為「蔭畝之印」。〔註2〕

西村茂樹（1828～1902），日本學者。早年研習儒學和蘭學，明治六年（1873）與啟蒙思想家森有禮、福澤諭吉等創辦學術團體明六社及《明六雜誌》，並出任文部省編書課長。明治十三年任文部省編輯局長。著有《日本道德論》《日本道德史》《道德教育論》等。

序文約五百字，用楷書寫成，均用句號斷句，可分為兩段。

作者首先從「西洋諸國之史」與中國史的比較落筆：「西洋諸國之史，詳乎近代。而支那之史，不明乎近代。詳者由於有不可不詳之之理，而不明者由於有不得明之之法焉。余少讀支那之史，每以明史為終，謂史如是而足矣。後讀西洋之史，始知近代之史之不可不詳於古代之史也。支那與本邦，僅隔二日程海路。人種文字相似，治亂興廢相似。而為本邦為開化之源者，實支那與朝鮮也。其國之史之不可不讀，則世人皆既知之，而當代之史尤不可不讀，則人或未知焉。非不知也，雖知之無可讀之書也。」〔註3〕19世紀後，日本人以「支那」稱中國的情形有所增多，但在此時，還未直接與對中國的歧視聯繫在一起。〔註4〕

次段從清史「無可讀之書」引出佐藤楚材之著：「尾張佐藤牧山先生有《清朝史略》之著。輯自太祖之創業，至光緒之三年之事。編為十二卷，以便初學之講讀。余聞支那之法，不得編當代之史。故於當代之事，雖有治亂之原委、政道之污隆、與夫名君賢相之功績、鴻儒碩學志士節婦之言行、可鑒可做可喜可驚之事，僅止於散見稗史野乘之中。而其所記又真偽雜出，無所可就而正焉。然則乏史之材者，莫甚於支那之當代。而編史之難者，莫難於編清朝之史。今先生不厭其難，勇進而有此書之著。雖其運筆恢恢，毫無窮窘之迹，而良工苦心亦可想也。頃先生价其鄉人高橋生索余序，余喜此書之益初學不尠，而兼得西人編史之意，因敘蕪言如此。」〔註5〕尾張又稱尾州、尾陽，位於今日本愛

〔註2〕殷夢霞、李強選編《外國人著清史八種》，國家圖書館出版社2008年版，第三冊，第7頁。

〔註3〕殷夢霞、李強選編《外國人著清史八種》，第三冊，第3～4頁。

〔註4〕參見黃興濤《話「支那」——近代中國新名詞源流漫考之二》，《文史知識》1999年第5期，第55頁。

〔註5〕殷夢霞、李強選編《外國人著清史八種》，第三冊，第4～7頁。

知縣西北部。如前引馬大正老師所言，該書記事下至光緒四年，並非「光緒之三年」。

二、菊池三溪《〈清朝史略〉序》

該序落款為「明治十二年己卯十二月　平安三溪學人菊池純子顯甫識」。鈐有兩印，上白文印為「菊池純印」，下硃文印為「三谿壘忠」。〔註6〕

菊池三溪（1819～1891），名純，字子顯，號三溪，以號行世。日本漢學者，詩人，小說家。江戶時代末期曾任幕府將軍德川家茂的將軍侍講。明治維新後曾任職於東京警視廳和大阪府中學。〔註7〕著有《晴雪樓詩抄》《香雲樓詩抄》《本朝虞初新誌》《西京傳新記》《國史略》《近事紀略》等。

序文用行書寫就，署名「青洲信書」〔註8〕。全文約七百字，均用句號斷句，可分為三段。

作者首先回憶往事：「舊尾藩儒臣以文學政事兩優、聲名隆隆、震爆海內者，以平洲細井先生為唱之矣。予少小耳先生之盛名，而世代懸隔，弗及接風采，常以為遺憾。因欲從親炙先生者交業。既而獲善庵上田翁，翁筮仕舊紀藩支對西條侯，為其文學，嘗遊平洲先生之門者。先生應米澤侯聘之出縣也，翁從之。時翁年廑弱冠，稱雄次郎。雄次郎名，載在其《嚶鳴館遺草》中。翁屢為予語先生平生，心益慕之。未幾翁亦即世。爾後欲得尾人與之遊，以問先生學德文章、出處事行、存乎口碑者，而未獲其人。既而國家多故，海內騷擾，予亦曠廢華研日久。」〔註9〕細井平洲，日本尾張藩儒學者，教育家，著有《嚶鳴館遺草》。

菊池三溪從他與平洲門人上田雄次郎的交往說到佐藤楚材：「乃者獲先輩佐藤晉用。晉用即尾州人，周遊大都與四方名士相徵逐，聲名日興。後擢為本藩侍講，歷事三公，每見信任。及維新以降，普率無外，隱居教授，著述自娛。嘗慨愛親覺羅氏史譜未全備，乃纂輯《清朝史略》一書。窮討極搜，弗遺餘力。上肇太祖創業，下至近代光緒，間亦付載各家小傳，其亦本末參應，首尾條貫，俾讀者一睹領解，作者本意全在此，亦近人著述中翹翹者。晉用邃於史深乎學，

〔註6〕殷夢霞、李強選編《外國人著清史八種》，第三冊，第16頁。

〔註7〕任寅秋《菊池三溪早期漢詩研究——以《晴雪樓詩抄甲集》為中心》，北京外國語大學2021年碩士論文，第3頁。

〔註8〕殷夢霞、李強選編《外國人著清史八種》，第三冊，第16頁。

〔註9〕殷夢霞、李強選編《外國人著清史八種》，第三冊，第9～11頁。

弗問可知也。」〔註 10〕《清朝史略》中所用為愛新覺羅氏，並非「愛親覺羅氏」。此段涉及佐藤楚材的生平事蹟及菊池三溪對該書的評價。

序文最後總結尾張人傑地靈的原因在於藩主德川家的「遺澤」，文學色彩濃烈：「夫平洲先生以文學政事，而震爆無前；晉用先輩以文章史學，木鐸其後。何其尾陽名近碩儒之林之輩出，如斯之夥涉哉？意者無所以致然者，亦有本有源也。初藩祖蒙公，以東照有懿親，夙更茅土之大封。其崇我儒術，設學校，育人材，以振興士風。其流風餘澤，延迨今日。以至人文富盛、擅美近古者，豈可謂偶然乎哉？予屢往來三都，道遇名護屋之市，西扼京畿之咽喉，東據海道之要衝，負山面海，邑屋華麗，人民富庶，風帆浪船與山光水色相映帶，弗減一幅著色画圖，而其間往往出異能奇術之士。宜乎！方今名士碩儒，前後輩出，或調和鼎羹乎廟廊，或維持風教於江湖，以翼贊休明之至治也。吁嗟前公之遺澤，寧有盡乎哉！吁嗟前公之遺澤，寧有盡乎哉！」〔註 11〕

三、中桐儉《敘》

該序成文時間比前兩序要晚兩年，落款為「明治十四年十月撰於峽州玉幡邨履霜僑居　讚岐　星城中桐儉」。鈐有兩印，均為硃文，上為「號曰星城」，下為「青泉堂主」。可知作者姓中桐，名儉，號星城。日本讚岐人，1881 年作此序時僑居於峽州玉幡邨。其餘生平不詳，生卒年無考。

序文約六百字，用楷書寫成，沒有句讀。書者署名「松邨隈真書」。〔註 12〕文章結構與西村茂樹序類似，可分為兩段。

首段強調「近史」的「理」與「實」：「世之讀史者，大率明于周秦，瞶于隋唐，況於宋元以降乎？蓋貴古史賤近史，古今同轍，是以依其所貴，違其所賤，習以為常。殊不知年代之降，人情與世態俱遷，而史之修辭亦與世相隨。是理也，埶也，雖聖人復出，豈得而易之？亦徒從而治之耳。然則年愈遠而情愈遠，代愈近而實愈近。今遺其近者，索其遠者，愈修愈隔，是史之遂所以不明也。余恒論讀史之要在初就近史，而理亂盛衰之跡，褒貶與奪之義，必須求其理；禮樂刑政之設，山川城邑之埶，必須審其實。理實已明，而吾之眼具焉。夫然後可以漸進古史而求其故，論其世，則經世之術作焉。」〔註 13〕

〔註 10〕殷夢霞、李強選編《外國人著清史八種》，第三冊，第 11～13 頁。
〔註 11〕殷夢霞、李強選編《外國人著清史八種》，第三冊，第 13～16 頁。
〔註 12〕殷夢霞、李強選編《外國人著清史八種》，第三冊，第 22 頁。
〔註 13〕殷夢霞、李強選編《外國人著清史八種》，第三冊，第 17～19 頁。

次段談《清朝史略》的學術貢獻：「尾張佐藤用父所輯《清朝史略》出焉，受而閱之，體從紀傳，事頗簡，實極詳。抑用父之志，雖或出于繼史之絕，焉知讀史之法，亦非與余同其見？明曾先之嘗編《十八史略》，年代就簡，可得而記，紀事提要，可得而識，非特資蒙養，亦兼便學者。其功偉矣！而舊史既已備焉，顧修之易為力耳。用父斯舉，其功與曾固儔，而至其廣業於將來者，曾莫乃遼落。蓋清史未立也。彼革命以來，內外樞要之事，秘而不傳，世莫或闚其域。讀史家常以為憾。嘗有《東華錄》《大清會典》等書行焉，然亦一二蹊路爾，未可以達。而今用父刻苦從業，遂剪荊棘，抑是路一闢，則後之修史者緝而治之，異日將有一大清史而出。老蘇有言曰：『功之成，非成於成之日，蓋必有所由起。』以余觀之，清史之起舍斯書而何屉？竊樂史學之明于世，亦基于此。」〔註 14〕雖然傳到日本的《十八史略》為明刊本，而曾先之實為宋元之際人。引文出自蘇洵《管仲論》。

四、薩道懇《〈清朝史略〉序》

該序落款為「西曆千八百八十一年十月薩道懇　序」。鈐有兩印，上白文印為「薩道氏」，下硃文印為「懇」。〔註 15〕其人生平不詳。

序文約四百字，硬筆小楷字體，用頓號斷句。可分為三段。

首段從古希臘、古羅馬史家講起：「史乘之作，由來尚矣。在昔希臘，則有黑囉陀督須、讀姑地德須二氏，羅馬則有采薩留、利瑯右須二氏，皆精心撰述，為世楷模。降至近頃歐羅巴各邦之史，層見迭出，不勝枚舉。夫史之為書，上究天人之際，下通古今之變，別忠佞，寓勸懲，使善者法而惡者戒，致國家於治安之隆，誠不可一日缺者也。」〔註 16〕「黑囉陀督須、讀姑地德須」今譯作希羅多德、修昔底德；「采薩留、利瑯右須」今譯作愷撒、李維。作者認同司馬遷著《史記》究天人之際、通古今之變的宗旨，並加以闡發。

次段談中國史學傳統：「支那夙稱文獻之邦，故上自唐虞，以迄明代，數千年之史，燦若列眉，足資觀覽。且其舊制，其事掌之史官，其書藏於冊府，雖彼邦士庶，亦難詳悉，而私修國史者有厲禁，誠恐變亂黑白，顛倒是非，不是〔註 17〕以傳信後世，昭示來茲。必俟易姓之後，將前代之官書，及各家撰述有

〔註 14〕殷夢霞、李強選編《外國人著清史八種》，第三冊，第 19～22 頁。
〔註 15〕殷夢霞、李強選編《外國人著清史八種》，第三冊，第 25 頁。
〔註 16〕殷夢霞、李強選編《外國人著清史八種》，第三冊，第 23 頁。
〔註 17〕應為「足」。

涉於國事者，命文學之臣從而修之，始成一代之信史，蓋慎之至也。」〔註18〕

末段談清史及日清關係，引出《清朝史略》：「清非無史也，亦非有所諱也，不過仍沿舊制耳。日本於清為鄰國，急欲知其概略，故有《易知錄》諸書之撰。頃又有尾陽楚材氏，新撰《清朝史略》十一卷。余因內藤氏之請，為序其崖略於此。若夫文章事情，讀者當自辨之，奚俟予言？」〔註19〕

五、佐藤楚材《自序》

該序落款為「明治十四年四月佐藤楚材晉用父自序　門生　福岡欽崇書」〔註20〕。福岡欽崇，日本書法家，出版多種習字帖，生卒年不詳。

此為作者自序，是該書最有研究價值的序文，篇幅也最長，有近千字，楷書寫成，均用句號斷句。其內容可分為六段。

作者首言：「清史不可修也。何也？無書可據也。唯其不可修也，故不可不修也。余燈火數十年，以資尚友，而於清朝，讀其書，聞其名，亦多且久。於是欲論其世，竭力窮搜有年，而茫如烟海無津涯。偶有門人西遊，始居上海，後移北京，為之將伯，於是始得就緒。錄自天命元年，至光緒四年。十一世，分為紀十二卷。傳分附其間，凡百九十人。」〔註21〕這位助其修史的門人，下文有述。

次段可稱為佐藤楚材答客問：「客有議：『史，涑水、紫陽以下，概係編年，今子獨分為紀傳，或戾體裁。』余應之曰：『始余亦欲從編年之體，既而博覽羣藉，自名將賢相，文學遺逸，奇節偉行，磊磊軒天地，遠邁前古者，不可彈數。余書生習氣，老而不渝，不忍割愛。顧人好善，奚異於我？乃欲與眾共之。遂各立其傳，以載其終始。且如涑水紫陽，裁成刪潤，以成一家之言。或帝魏，或帝蜀，或陶令之賢而不錄，或書莽大夫雄死，筆削與奪，唯意所欲。故編年紀事，事備義具。今余則異於此。雖曰修之，其實編輯也。故就所睹，為紀為傳。如其出於傳聞，雖如可大書特書者，猶且不敢載。姑舉其一端。有云：清朝歷代賢明，麗代有文學，歷代有專集，漢唐宋元明所無。又云：聖祖以忠厚立基，晚年少倦於政，非有世宗承之，務除積弊，恐不得傳至於今。是皆或然。然凡如是之類，唯其無書可徵，故不敢一有所載焉。夫如是，與夫筆削由己者，大有徑庭，故不得以涑水紫陽為準也。雖然，

〔註18〕殷夢霞、李強選編《外國人著清史八種》，第三冊，第23～24頁。
〔註19〕殷夢霞、李強選編《外國人著清史八種》，第三冊，第24～25頁。
〔註20〕殷夢霞、李強選編《外國人著清史八種》，第三冊，第32頁。
〔註21〕殷夢霞、李強選編《外國人著清史八種》，第三冊，第27頁。

讀者通觀紀傳，參互彼此，則其所不敢載，亦思過半矣。』」〔註22〕此段作者討論了修史的體裁問題。「涑水」指編《資治通鑑》的司馬光，「紫陽」指編《資治通鑑綱目》的朱熹。「陶令」指東晉時曾任彭澤縣令的陶潛，即陶淵明。「書莽大夫雄死」，《資治通鑑綱目》寫作「莽大夫揚雄死」，此為春秋筆法以貶抑之。「聖祖以忠厚立基」一條，詳見本書第五章雍正帝人物形象。

第三段可謂佐藤楚材又答客問：「客又曰：『近時修清史者，或以世祖入關之年為始。或以康熙中明裔全亡之年為始。今子以太祖為始。抑有說乎？』曰：『凡以世祖聖祖為始，以承明後，是帝統之說也。余則不然，其修清史，特論其世而已。清朝事蹟，太祖以上，不可得而知。太祖已下，始見於書。故以太祖為始，而終於光緒四年。』」〔註23〕此段作者回答了其修清史的斷限問題。

第四段補敘助其修史的門人情況：「所謂門人，姓栗山氏名覺者，真宗也。有學有才，布教支那，欲以次入印度，漸及五洲。不幸以此年死于北京。故止於此。」〔註24〕

第五段自述讀史之樂，描寫生動：「夫我之與支那僅隔一水，而至於其事蹟，則彼此罔然。今也幸十瞭其七八。當居閑無事之時，閉門卻掃，散帙披誦，則或如聽和風麗日，君臣唱和；或如觀木蘭秋獮，箭飛獸挺之狀；或如賢人君子，晤對一室，聞其謦欬，與之議論上下。豈不愉快哉？」〔註25〕

末段為結語感言：「嗚呼！余行年八十一矣，老而不死，而今乃得以及於此，人不可以無年。客退，遂筆之簡端，用以就正海內君子焉。」〔註26〕馬大正老師對此評論：「看來作者對本書的修成，志得意滿之情溢於字裏行間。」〔註27〕「人不可以無年」的典故當出自《世說新語・人固不可以無年》，史學工作者的學術成就確實受制於其閱歷、健康與壽命。

第二節　《清朝史略》的跋

《清朝史略》的五篇跋同樣是字體不一，作者各異。中間一篇為佐藤楚材長子佐藤雲韶所作，其餘四篇分別為小川亮、浦井信、渡井量臧、溫故堂主所作。

〔註22〕殷夢霞、李強選編《外國人著清史八種》，第三冊，第27～30頁。
〔註23〕殷夢霞、李強選編《外國人著清史八種》，第三冊，第30～31頁。
〔註24〕殷夢霞、李強選編《外國人著清史八種》，第三冊，第31頁。
〔註25〕殷夢霞、李強選編《外國人著清史八種》，第三冊，第31～32頁。
〔註26〕殷夢霞、李強選編《外國人著清史八種》，第三冊，第32頁。
〔註27〕殷夢霞、李強選編《外國人著清史八種》，第一冊，第七頁。

一、小川亮《〈清朝史略〉跋》

該跋落款為「明治十四年秋九月愛知縣盧舟小川亮跋于岐阜僑居」，可知作者姓小川，名亮，號盧舟。日本愛知縣人，1881 年作此跋時僑居於岐阜縣。此外生平不詳，生卒年無考。

跋文約八百字，用行楷書寫就，較易識別。原文均用句號斷句，未分段，可分為三部分：

首段述明治維新後講求史學，以無清史為憾，以作清史為難：「明治中興，奎運隆熾。眾咸知史學不可不講，而初學之士，專講曾氏《十八史略》、後藤氏《元明史略》。而至清史，以無其可據者，置之不問。有志之士憾焉。豈可無卓才遠識之士，出乎其間，作一清史而惠後學哉？雖然，自明末以至清，無正史可為底本，僅有私記野乘而已。欲網羅之以有所著，豈不難哉？」「曾氏」指中國學者曾先之，「後藤氏」指日本學者後藤世鈞。

次段述佐藤楚材撰著《清朝史略》的貢獻：「我牧山佐藤先生，廣集群籍，獨力網羅，著《清朝史略》一書。自清祖天命元年，以至今代光緒四年，凡二百六十二年之事，詳而不繁，略而不疎。章章於一枝不律之下矣。其體裁因編年，附以各傳。敘事精嚴，文辭雅正，而治亂興廢，是非得失之蹟，瞭然如日星麗天，燃犀照水。自今而後，講史者可以無遺憾矣！其惠後學，實可謂大矣！」天命元年約為公元 1616 年，光緒四年約為 1878 年，其間合計 263 年，並非 262 年。

末段述佐藤楚材的生平事蹟、詩文及著作：「先生，尾張人也。年甫十三，入鷲津松隱先生塾。時或課詩，與鷲津益齋僧攜隱相唱和，僉推先生稱詩伯。十九，游于江戶，入昌平黌。會津松本實甫、加賀大島桃年、備後昌谷精溪，稱其文才，相共勸獎。而先生專意經術，尤精力過絕人，往往徹夜不眠。眾謂前後書生，勉強異常者三人。曰越中佐伯順藏，曰仙台齋藤泰藏，併先生三人云。二十五，卜居駒籠，下帷講授。菊池五山、大沼竹溪、上田觀稼，稱譽其篤學。藩侯召為儒官，舍之市谷官舍，其住江戶五十年矣。六十八，挈眷還國。於是一藩士人，爭入其門。弟子蓋過三千，或貴仕，或游海外，或為儒為醫。而鄰邦小學教官，大抵僉出於其門。史略成，時年八十矣。一燈耿耿，老而益勉。嘗題《兒島高德書樹圖》有云：機會一誤悔何及，白樹而書明趁志。腹無一丁眾那知，靈犀一點　天顏喜。嗟乎！是墨是淚仍是血，隻字莫使風雨滅。其詩，典雅而清新，大率類此。絕句載在《慶應十家集》。其文，則《牧山樓文抄》行於世矣。先生之學，赫赫如此。其燈火餘力，以著一史，以惠後學。豈固非有志者之所望乎？」〔註 28〕昌平黌亦稱昌平坂學問所，作為德川幕府直轄的高等學校，是江戶時代儒學教育的最高學府。

文中提及多人，有助於我們瞭解佐藤楚材的人際網絡。其中菊池五山（1769～1849），名桐孫，字無弦，號五山，為日本江戶時代後期的漢學者及詩人。大沼竹溪，名右衛門，號竹溪，亦為漢詩詩人。

關於文中所記佐藤楚材的題詩，兒島高德相傳是 14 世紀日本即將進入南北朝時的武將，其事見於《太平記》：後醍醐天皇被鐮倉幕府流放，兒島高德途中營救失敗，於是潛入行在，在院中櫻樹上刻下「天莫空勾踐，時非無范蠡」以激勵之。中國歷史對日本文化的影響可見一斑。

二、浦井信《跋》

該跋寫於明治十四年四月，落款為「蓉湖浦井　信」，鈐有兩印，硃文為「信」，白文為「蓉湖」。其人生平不詳。

該跋約四百字，用正楷書寫，無句讀。其內容可分為兩段。

作者首先從日本史談到清史：「史學之要，在近者、今者，而從來書生，談劉項之興廢而不知甲越之雌雄者，往往而在焉。曩者山陽賴氏著《外史》《政記》，而兒童亦知國史之可讀，其功偉矣！夫滿清之朝，以地則近，以時則今，學者苟通國史，則次當先講清史也。而其為書，《三朝實錄》《東華錄》以外，寥寥無傳，近時雖有一二撰著，不復慊人意。」「甲越」指日本戰國時代甲斐（又稱甲州）武田與越後上杉兩軍。「《外史》《政記》」指日本學者賴山陽所著《日本外史》《日本政記》。

再談佐藤楚材的學術貢獻首在儒學，史學僅為餘緒：「牧山先生之著《清朝史略》，意蓋在補其闕也。余聞當先生之幼時，賴氏以史學文章有名于京師，有勸就學者。先生曰：『余志在闡明理學耳，史學文章所不屑也。』因奮然東下，入昇〔註 29〕平黌，終以理學名家。而今講經之暇，著此書以傳于世。今也，我之與清，交際日密，當是之時，人人得回以知其近者，其功何啻賴氏而已？實可謂得史之要者矣！雖然，要亦先生之緒餘耳，不必深論可也。謹跋。」〔註 30〕

〔註 28〕殷夢霞、李強選編《外國人著清史八種》，第四冊，第 647～650 頁。
〔註 29〕應為「昌」。
〔註 30〕殷夢霞、李強選編《外國人著清史八種》，第四冊，第 651～654 頁。

三、佐藤雲韶《跋》

該跋落款「辛巳夏六月　男　雲韶撰」，辛巳約為 1881 年即明治十四年。佐藤雲韶為佐藤楚材長子，生卒年不詳，參與校對《清朝史略》，著有《論孟提要》。他曾編纂出版前述福岡欽崇所寫的多種習字帖。

跋文約三百字，用行楷書寫，署名「柳田正所書」，無句讀。文曰：「亞細亞之為洲，土地廣闊，人口眾多，而常不免西人之陵侮者，何也？蓋由彼此交通不密，無能審其事体，視鄰國之事，猶越人觀秦人之肥瘠。嗚呼！其亦不思而已矣。清國之與我均位于亞細亞，相距不遠，風氣、國勢尤相似矣，則其國事可為吾鑑戒者，非鮮鮮也。且當今之時，輔車相依，可以挽回亞細亞之衰運者，獨有彼而已，然則其制度沿革宜審之也。不此之思而妄談歐論米者，豈計之得者乎哉？家翁有慨于此，著《清朝史略》十二卷，上自開國至今代，拮据數年乃脫稿，其制度沿革可得而徵焉。頃者命韶書于卷末，乃謹錄所思，以問憂國者。」文中的「米」指美國。作者從亞洲講到中日，強調清史的鏡鑑作用，具有強烈的現實意識。

四、渡井量臧《〈清朝史略〉跋》

該跋落款「明治辛巳九月　峽府　渡井量臧識」，鈐有兩印，一白文為「渡井之印」，一硃文為「遠卿」。渡井量臧，生平不詳。

小楷字體寫成的跋文約四百字，用句號斷句，可分兩段。作者先以鴉片戰爭對日本的借鑑作用為例，論證其「取鑿于遠徵諸近」的史學思想：「鑿於古而戒乎今者，唯史為然。蓋不如取鑿于遠徵諸近之為切也。何者？結繩之約，不可以治亂秦之緒。時勢之變，遷移靡已，不可以往時已然，為今時尚然矣。輓近寰區大勢一變，風氣日闢，文學治略，今非昔也。觀夫支人常夷視四外，不嘗與中州衣冠齒，而往之夷視不齒者，今也顧開明其邦，而新美其俗，日與上國相競者，駸駸弗止。嚮者清氏鴉烟之變，猶以往時視今時，一旦措置失其宜，乃不免臥榻之側，容他人鼾睡，以至今日者，固可悲夫！事勢苟如此，後之為清氏者，將誰鑿也？豈不在清氏其國乎？故曰：不如取鑿于遠徵諸近之為切也。」

文末再談《清朝史略》的重要性：「頃者尾張佐藤君有《清朝史略》之編。彼朝昉于國初，終于今帝光緒四年，上下殘三百年。史雖曰略，採取得要。政理之得失，人事之隆替，炳然可觀。而彼邦之史莫近焉，政是方今希覩之書，要欲復使人知取鑒之不可已焉。茲書一出，苟令今之學者常以此不必觀，以為往時之變，他邦之事，則愈知作者之意，決非徒為也矣。」〔註31〕

五、溫故堂主《書〈清朝史略〉後》

該跋落款「明治十四年十月穀旦　溫故堂主誌」，鈐有兩印，均為白文，上為「牘」，下為「山中攜印」。溫故堂主，不知其人。

此跋雖篇幅最短，僅約二百字，而字体為行草書，不易識讀，且無句讀。作者指出，史學日隆，讀史家每以清史為憾。「頃者得牧山佐藤氏所編《清朝史略》十二卷，繙而讀之」，「政事之沿革，風俗之推移，歷歷如指掌」〔註32〕。文中對該書的評價相當高。

〔註31〕殷夢霞、李強選編《外國人著清史八種》，第四冊，第659～660頁。
〔註32〕殷夢霞、李強選編《外國人著清史八種》，第四冊，第661～662頁。

第二章 《清朝史略》的體裁結構及凡例

讀過本書第一章，細心的讀者可能會發現一個問題：《清朝史略》究竟有多少卷？佐藤楚材《自序》、西村茂樹《〈清朝史略〉序》、佐藤雲韶《跋》、溫故堂主《書〈清朝史略〉後》中說是十二卷，而薩道懇《〈清朝史略〉序》及馬大正《清史編纂成果發掘的有益嘗試》中說是十一卷。究竟孰是孰非？這要從《清朝史略》的體裁與結構說起。

第一節 《清朝史略》的體裁與結構

一、《清朝史略》的體裁

《清朝史略》的體裁為紀傳體斷代史，這在前述序跋之中並無爭議。中桐儉《敘》中稱：「體從紀傳。」〔註1〕佐藤楚材《自序》：「十一世，分為紀十二卷，傳分附其間」〔註2〕，且他在隨後的答客問中還解釋了自己採用紀傳體而非編年體的原因。

二、《清朝史略》的結構、字數及標點

作者自述是紀十二卷，可該書目錄並非如此，抄錄如下：

卷之一　太祖（年號天命，當我元和年）

卷之二　太宗（天聰，當我寬永）

〔註1〕殷夢霞、李強選編《外國人著清史八種》，第三冊，第19頁。

〔註2〕殷夢霞、李強選編《外國人著清史八種》，第三冊，第27頁。

目錄至此完結。括號中的日本年號，與增田貢《滿清史略》眉批中的年號作用相同。《清朝史略》該目錄雖然簡略，不過有效避免了出現具體年份對應上的錯誤。

其卷目是十一世與十一卷一一對應，並無十二卷。正文中亦為十一卷，不過結構不同於目錄，《聖祖紀》被分為「卷四　聖祖紀」和「卷四下　聖祖紀下」〔註3〕，《穆宗紀》被分為「卷十上　穆宗紀」和「卷十下　穆宗紀下」〔註4〕。「卷四」而非「卷四上」，格式並不統一。

十二卷的分法來源於各卷之前的插頁，《太祖紀》《太宗紀》前無插頁，《世祖紀》前插頁標為卷二，《聖祖紀》前插頁標為卷三，《聖祖紀下》前插頁標為卷四，《世宗紀》至《穆宗紀》插頁與目錄相合，《穆宗紀下》前插頁標為卷十一，《今帝紀》前插頁標為卷十二。〔註5〕

《清朝史略》的卷目竟能呈現三種分法，目錄、正文、插頁如此不統一，編排實在粗疏。為避免混亂，本書下文只述卷名，不提目次。

該書每頁 10 行，每行刻正文 23 或 24 字，間有雙排小字註釋。所述史事及人物之間用〇隔開。全書用頓號斷句，但和日語認讀符號及句中的著重號混雜，其中一部分不好識別，能識別者亦有一些不妥之處。本書引用時所加的現代標點均為筆者所添。

經筆者翻檢，除《鄂爾泰傳》影印不全缺少開頭〔註6〕，個別書頁為別書

〔註 3〕殷夢霞、李強選編《外國人著清史八種》，第三冊，第 229、341 頁。
〔註 4〕殷夢霞、李強選編《外國人著清史八種》，第四冊，第 309、447 頁。
〔註 5〕各插頁均無頁碼。
〔註 6〕殷夢霞、李強選編《外國人著清史八種》，第三冊，第 459 頁。

混入〔註7〕外，書中內容基本完整。估算各卷字數如下表：

序 號	卷 名	頁 碼	頁 數	字數（萬字）
1	太祖紀	59～90	32	0.77
2	太宗紀	91～136	46	1.10
3	世祖紀	139～228	90	2.16
4	聖祖紀上	229～339	111	2.66
5	聖祖紀下	341～423	83	1.99
6	世宗紀	425～510	86	2.06
7	高宗紀	511～670（以上第三冊）	160	3.84
8	仁宗紀	（以下第四冊）1～107	107	2.57
9	宣宗紀	109～170	62	1.49
10	文宗紀	171～307	137	3.29
11	穆宗紀上	309～446	138	3.31
12	穆宗紀下	447～521	75	1.80
13	今帝紀	523～645	103	2.47
合計				29.51

各卷相加，全書合計約三十萬字。從上表顯示的各卷篇幅可見，《太祖紀》《太宗紀》合為一卷更加合理，而《高宗紀》未分上、下則不盡合理。《聖祖紀下》全為附傳，若照此原則分出《高宗紀下》，則其頁碼為605～670，合計66頁，約1.6萬字，則《高宗紀上》約2.2萬字。

第二節 《清朝史略》的凡例

增田貢《清史攬要》的凡例共五條，而佐藤楚材為《清朝史略》擬就的凡例竟有十七則〔註8〕之多，茲依次引述並分析如下：

一、是編抄纂，未暇一一注明所出，然無一字無所本。讀者以或與他書有異同，不可容疑

此述該書未注引文出處。幸而《凡例》後另有一《採輯參証書目》，詳見本書第三章。

〔註7〕殷夢霞、李強選編《外國人著清史八種》，第四冊，第211、230頁。
〔註8〕殷夢霞、李強選編《外國人著清史八種》，第三冊，第33～36頁。

二、清朝無史，祇有《東華錄》一書。如聞《東華錄》有真的，有假的，真的書世宗已前已經禁止，坊間所行《東華錄》，其事蹟係皆附會，不足為準

《東華錄》並未收入該書的《採輯參証書目》，此條當即其原因。《東華錄》為編年體的史料長編，分「蔣錄」、「王錄」兩種。其中王先謙續編的《九朝東華錄》於光緒十年（1884）出版，晚於《清朝史略》，故佐藤楚材所指應為蔣良騏《東華錄》。

蔣良騏為乾隆十六年進士，三十年充國史纂修官後開始摘抄《東華錄》，故該書不可能在世宗雍正朝即被禁止。馮爾康先生指出：「『蔣錄』在補充史事、考訂史實上，有較大的史料價值」，「蔣錄有各種抄本、刻本，還有日本印本，其中有同治十一年（1872 年）聚錦堂刊本」〔註 9〕。

佐藤楚材因傳聞而不取《東華錄》，反映了他治史的嚴謹態度，但對《清朝史略》而言是一種損失。

三、歷代帝后諱，諸書有異同。今據《三場程式》所載。科場需用之書，可保其無誤也

《三場程式》收入《採輯參証書目》，下文詳述。

四、歷代帝王崩日，諸書或不一。今據官板《黃歷・忌辰表》

作為曆書的《黃歷》，未收入《採輯參証書目》，收入該書目的是其中的《忌辰表》。佐藤楚材強調所據是官方版本，書名用「歷」字而不用「曆」，是避乾隆帝弘曆之諱。乾隆年間開始准許民間翻刻官印《黃歷》，至遲到嘉慶時即已行銷海外，也流傳到日本。

五、開國功臣，如歷仕三朝者，其傳附之世祖後。他亦有此例

此述大臣附傳之例，詳見本書第五章第二節。

六、儒林文苑，孝義隱逸，不拘時代，類聚之卷末，以便檢尋。如錢謙益，事蹟略見于紀中，不復別載其傳。名將如李續賓、羅澤南，亦從此例

此述儒林文苑、孝義隱逸附傳之例，及一些人物事見紀中、不另立傳之例，均詳見本書第五章。

〔註 9〕馮爾康《清史史料學》，故宮出版社 2013 年版，第 52 頁。

七、曾文正公一代偉人，搜索其傳，未得。姑以李鴻章疏為本，增以他書，要非完全紀述，以俟他日補正

此述作者對曾國藩的評價及《清朝史略》中為其立傳的開創性，傳文詳見本書第五章第二節。

八、曾文正公見兩太后問答，底本一用俗語，蓋恐失其真也。今復仍舊，少加刪略，讀者勿訝其不倫

慈安及慈禧兩宮皇太后與曾國藩問答所用「俗語」，詳見本書第五章第一節。

九、同治以後將相，未得各家紀述，頗為遺憾

作者對未能獲得同治、光緒朝「將相」史料表示遺憾，同光時期距離該書出版時間過近，相關史料還未問世或傳到日本。

十、清朝外事可得而知，內事不可得而知。如《京報》止於詔諭及六部事情，至於內閣，秘而不洩，不可得而知也。然參觀紀傳，概略可知

作者指出其修史時清廷中樞決策史料的缺乏。所述之《京報》收入《採輯參証書目》，下文詳述。

十一、是編稱謂，一從底本，不能齊整。一手訂正，有所不暇及也。讀者勿咎其粗率

作者解釋了書中稱謂不統一的原因，而史書稱謂不統一即是「粗率」，實不可不咎。

十二、滿人別有一種稱謂，其首一字非姓也。如鄂文端，姓西林覺羅氏，諱鄂爾泰，謚文端公。圖昭勳，姓瓜爾佳氏，諱圖賴，謚昭勳公。他皆類此

作者以鄂爾泰和圖賴為例，介紹了滿人的姓名和謚號，提醒讀者他們不姓鄂、圖。

十三、是編紀事，年月日或詳或略，亦不一定，一從底本。其詳則以其不可不詳也，如紀髮賊之亂是也

作者解釋了書中時間詳略不統一的原因。他沿清朝官書稱太平天國起義為「髮賊之亂」，認為此為大事，記時當詳。

十四、清朝有一種慣用字，姑舉其一二：鳥銃之「銃」用「槍」字。「寧」作「甯」。「醇」作「醕」。「解」，送也。詔諭「著」「飭」等字難讀，或云「著」近「可」義，「飭」，訓令，訓叫

作者舉例說明了當時中國漢字與日本漢字的一些區別。

十五、是編紀事，間用追敘法。如紀鄭成功事亦是。為其事績一貫，讀者易瞭然也

該書敘鄭成功事之法，詳見本書第五章第一節。

十六、是編批點，亦有有所本，亦有無所本。大抵名理名言，緊要急著處

作者述眉批原則，該書眉批內容詳見本書第四章第一節。

十七、是編起筆於明治九年一月一日，至十二年十二月始畢。燈火熒熒，四易裘葛，衰年徒勞，不當一笑。門人栗山覺曰：「非正史出之日，不可修得完全史略。」是言信然。然河清不可俟，姑修之以知其可知耳。讀者須知

此條可謂佐藤楚材繼《自序》之後又一次結語感言。其門人栗山覺事蹟在作者自序中已述。明治九年即 1876 年，約等於光緒二年。該書完成於光緒五年冬，其敘事下限則止於光緒四年，可證前述第九則凡例所言收集同光史料之困難。起筆時已年近八旬的佐藤楚材，在史料不足的情況下，歷四年之功成此開創之書，實為壯舉。

第三章 《清朝史略》的採集參証書目及附錄官品人名

《凡例》之後，《清朝史略》依次列出《採集參証書目》和《官階品級》《武衛官階品級》《宗室內閣人名》，均為增田貢兩書所無，本章分述之。

第一節 《清朝史略》的採集參証書目

《採集參証書目》〔註1〕有助於我們瞭解《清朝史略》的史料來源，以下先按該書格式錄出，一行兩種，無標點符號，以便讀者觀覽原貌。

一、《採集參証書目》一覽

明史	大明一統志
綱鑑錄	明史紀事本末
二十二史箚記	陔餘叢考
大清一統志	大清會典
三朝實錄	日下舊聞
聖武記	武事餘記
三藩紀事本末	吳中平寇記
忠義錄	收大小金川紀略
福建通志	收西藏紀略

〔註1〕殷夢霞、李強選編《外國人著清史八種》，第三冊，第37～40頁。

夷匪犯境錄	鴉片始末
皇朝武功紀盛	國朝先正事略
宗室王公表傳	外藩蒙古回部王公表傳
浙西紀略	平浙紀略
粵匪紀略	平粵紀略
曾文正公大事記	李鴻章平捻記
剿平三省邪匪方略	教匪紀略
回匪紀略	臺灣紀略
臺灣戰記	中西關繫錄
都門紀略	地球說略
北支那戰爭記	盾鼻隨聞錄
中西見聞錄	江南通志
蘇州府志	長洲縣志
吳門補乘	嘉興府志
兩浙輶軒錄	揚州府志
熙朝新話	今世說
商邱縣志	畿輔通志
淡墨錄	宣城縣志
杭州府志	河南通志
南疆繹史勘本	續耆舊傳
京報	簷曝雜記
滿漢名臣傳	儒林文苑傳
縉紳全書	中樞備覽
爵秩全書	忌辰表
三場程式	隨園二十八種
曝書亭集	嶺南三大家集
庸齋隨筆	湖海文傳
頤道堂集	清俗紀聞

以上合計圖書 74 種。

二、採集參証書目的分類

以下對馮爾康先生《清史史料學》中的分類法略加調整，將書目中諸書歸類解說。同一類別中以書目中先後為序。

（一）編年體、紀傳體史料

1. 張廷玉等《明史》

清朝官修紀傳體明代史，二十四史之殿軍。自順治初年開修，歷經四朝，近百年曲折往復，終於乾隆四年（1739）刊刻完成。署名張廷玉等撰，計本紀24卷、志75卷、表13卷、列傳220卷、目錄4卷，共336卷，約600萬字。

2. 吳乘權等《綱鑑易知錄》

綱目体編年通史，書目中簡稱為「綱鑑錄」。吳乘權，字楚材，一說字子輿，號楚材。順治十二年（1655）生，浙江人。乘權授徒為業，苦於舊史枝蔓，與友人周之炯、周之燦兄弟摘要刪繁，歷時六年，於康熙五十年（1711）編成。敘事自神話傳說中的盤古開天地直至明末，共107卷，約180萬字。

3. 平粵紀略

編年體專史，當名《平定粵匪紀略》，又名《平定粵寇紀略》《蕩平髮逆圖說》。杜文瀾（1815～1881）撰，正文18卷，記太平天國事，附記《賊名》《邪說》《逆跡》《瑣聞》4卷。有同治八年（1869）刊本。

4.《南疆繹史勘本》

紀傳體南明史。《南疆逸史》原名《南疆佚史》，康熙時溫睿臨撰，記南明弘光、隆武、永曆三朝遺事。有多種版本，為清朝禁書。道光時李瑤據20卷抄本補輯為《南疆繹史勘本》，改「逸」為「繹」，尋繹諸史而成之意。該書改用清朝年號，正文30卷，摭遺18卷，恤謚考8卷。

（二）政書類史料

《大清會典》

清朝行政法典彙編，初修於康熙二十三年（1684），雍正、乾隆、嘉慶及光緒十二年（1886）曾四次重修。佐藤楚材參考者當為嘉慶以前的前四朝會典。康熙會典162卷，成書於康熙二十九年，記崇德元年（1636）至康熙二十五年之典，另特載二十六年孝莊文皇后喪禮。雍正會典250卷，二年（1724）開纂，十年成書，續康熙二十六年至雍正五年之典，亦有延至八年者。乾隆會典100卷，則例180卷，十二年（1747）開修，二十九年成書，內容自清初至乾隆二十三年，另有一些特旨增入者不拘年限。嘉慶會典80卷，事例920卷，圖132卷，六年（1801）開館，二十三年成書，內容止於嘉慶十七年。

（三）史志史料

1.《大明一統志》

明朝官修地理總志，李賢、彭時等纂修，成書於天順五年（1461）。以明兩京及十三布政使司為綱，所屬149府為目，下設建置、沿革、郡名、形勝、風俗、山川、土產、公署、學校、書院、宮室、關津、寺觀、祠廟、陵墓等38門，共90卷。曾於弘治、萬曆年間修訂，增加嘉靖朝以後相關內容。

2.《大清一統志》

清朝官修地理總志，先後編過三部。康熙二十五年（1686）仿《大明一統志》初纂，至乾隆八年（1743）成書，其內容至康熙朝為止，共計342卷。乾隆二十九年續修，四十九年完成，共計500卷，增加了新疆地區和雍乾兩朝的變化內容。嘉慶十七年（1812）重修，道光二十二年（1842）完成，其內容至嘉慶二十五年為止，全書560卷，另有凡例、目錄兩卷。

3. 朱彝尊《日下舊聞》

日下指京師，該書為記述北京自遠古至明末歷史地理、民俗掌故的都邑志。朱彝尊（1629～1709），字錫鬯，號竹垞，浙江人。《清朝史略》有傳。他因感於北京史蹟向無專書，廣集千餘種圖書，蒐集相關資料，彙編此著。全書42卷，分為星土、世紀、形勝、宮室、城市、郊坰、京畿、僑治、邊障、戶版、風俗、物產、雜綴共13門，另附以石鼓考。

4.《福建通志》

福建地方志，曾多次續修。首為康熙二十年（1681）福建巡撫金鋐奉旨修纂，聘請學者鄭開極主纂，三年後完成，共64卷，該本流傳不廣。次為乾隆二年（1737）謝道承纂修《福建通志》83卷，之後有乾隆三十三年沈廷芳主纂《福建續志》92卷，《採集參証書目》中並無此書，佐藤楚材參考者可能是同治十年（1871）版陳壽祺主纂之278卷《福建通志》。其書分詔諭、星野、沿革、疆域、山川、城池、公署、壇廟、津梁、郵驛、水利、古蹟、戶口、田賦、倉儲、蠲賑、錢法、鹽法、風俗、物產、典禮、學校、經籍、兵制、關隘、海防、封爵、職官、宦績、選舉、人物、列女、方外、寺觀、雜錄共35門。〔註2〕

〔註2〕參見：《重纂福建通志凡例》，見《道光福建通志臺灣府》，成文出版社，1983年版，第九頁。《目錄》，《道光福建通志臺灣府》，遠流出版事業股份有限公司，2007年版，第15～18頁，第401頁，第849～850頁。

5. 楊士安《都門紀略》

嘉道年間順天通州人楊士安，字靜亭，因熟知北京市井風物、人情風俗、名勝古蹟及梨園掌故，以其見聞並摘錄《都門竹枝詞》等資料，於道光二十五年（1845）撰成。全書約 3 萬字，分風俗、對聯、翰墨、古蹟、技藝、時尚、服用、市廛、詞場 10 門。

6.《江南通志》

有康熙本、乾隆本兩種。始修於康熙二十二年（1683），次年成書 76 卷，有輿地、食貨、學校、武備、職官、選舉、人物、藝文 8 志。雍正七年（1729）重修，乾隆二年（1737）刊刻，增河渠、雜類 2 志，共 200 卷。

7.《蘇州府志》

康熙、乾隆、道光、同治年間四修《蘇州府志》，前兩志均為 80 卷，後兩志均為 150 卷。

8.《長洲縣志》

清代有三種《長洲縣志》：首為康熙二十三年（1684）刻本，祝聖培、蔡方炳纂修，22 卷；次為乾隆十八年（1753）刻本，李光祚、顧詒祿纂修，卷首一卷圖考，餘 34 卷；乾隆三十一年（1766）刻本，許治、沈德潛、顧詒祿纂修，卷數同前。

9. 錢思元《吳門補乘》

錢思元，字止菴，乾隆時吳縣諸生，仿乾隆《蘇州府志》之例，積三十餘年之力輯成《吳門補乘》，以補前志之闕。嘉慶二十五年（1820）刊行，首卷為巡典補，正文十卷分別為建置沿革補、物產補、鄉都補、職官補、人物補、藝術補、藝文補、雜記補、刊誤及續編。

10.《嘉興府志》

清代五修該志：一為康熙二十一年（1682）刻本，袁國梓等纂，18 卷，另首一卷末一卷；二為康熙六十年刻本，吳永芳修，16 卷；三為嘉慶六年（1801）刻本，伊湯安修，80 卷，首三卷；四為道光二十年（1840）刻本，于尚齡修，60 卷，首三卷；五為光緒四年（1878）刻本，許瑤光修，88 卷，首二卷。

11.《揚州府志》

清代揚州修府志六，包括康熙三年（1664）、十四年、二十四年三部《揚州府志》，雍正《揚州府志》及嘉慶《重修揚州府志》、同治《續纂揚州府志》。

12.《商邱縣志》

有康熙四十四年（1705）、光緒十一年（1885）兩種，佐藤楚材所參考當為前者。

13.《畿輔通志》

清代共修三部《畿輔通志》：首部於康熙二十一年（1682）成書，郭棻總纂，共46卷，分22門；第二部雍正十三年（1735）成書，李衛等監修，120卷，分31門；第三部同治十年（1871）設局，光緒十二年（1886）編成，此時《清朝史略》已出版。

14.《宣城縣志》

該志曾於光緒十四年（1888）重修，佐藤楚材參考的當是此前付梓的嘉慶本。

15.《杭州府志》

清代《杭州府志》有康熙二十五年（1686）刻本，全書40卷，分38門，亦有乾隆四十九年（1784）刊本，110卷，卷首6卷。

16.《河南通志》

清代該志首為順治末年沈荃所纂，50卷，分30門；次為康熙九年（1670）徐化成增修本；三為康熙三十四年張沐纂50卷本；四為雍正八年（1730）孫灝等纂80卷本，雍正十三年修訂重刻，該本後收入《四庫全書》。

（四）文集史料

1.《兩浙輶軒錄》

清代地方詩集，兩浙指浙東、浙西，輶軒為使者之車，阮元（1764～1849）任浙江學政時所編，因以為名。嘉慶六年（1801）刊行，40卷，收詩9241首，作者3133人。

2. 隨園二十八種

應即袁枚（1716～1798）《隨園隨筆二十八卷》，有咸豐八年（1858）刻本。

3. 朱彝尊《曝書亭集》

朱彝尊（1629～1709）去世前親自刪定的全集，共80卷，包括賦1卷，詩22卷，詞7卷，文50卷。附錄散曲1卷。康熙四十八年（1709）刻成。

4. 嶺南三大家集

應即為王隼（1644～1700）選編的清初廣東詩人屈大均（1630～1696）、

陳恭尹（1631～1700）、梁佩蘭（1630～1705）三人的詩集《嶺南三大家詩選》。康熙三十一年（1693）成書。

5.《湖海文傳》

清代散文總集，王昶（1724～1806）編，共75卷。作者為其師友及門下士，包括康熙中葉到乾隆朝沈德潛、王鳴盛、戴震、紀昀、錢大昕、畢沅、王念孫、段玉裁、章學誠、阮元、王引之等181位。收文823篇，分為賦、頌文、講義、論釋、解、答問、對、考、考證、辨、議、說、原、序、記、書、碑、墓表、墓碣、墓志、塔銘、行狀、述、傳、書事、祭文、哀詞、誄、贊、銘、書後、跋、雜著共33種文體。編成於嘉慶十年（1805），道光十七年（1837）刻成，同治五年（1866）重印。

6. 陳文述《頤道堂集》

陳文述（1771～1843）著詩文別集，78卷，包括《文鈔》13卷，《詩選》30卷，《外集》13卷，《戒後詩存》16卷，《補遺》6卷。有道光八年（1828）刊本。

（五）傳記史料

1. 朱溶《忠義錄》

朱溶，字若始，江蘇人。該書8卷，其凡例曰「是書悉記明末殉難諸公，一、二卷寇亂殉難者」，「三卷至八卷清兵殉難」；或其人「雖非殉難，而鞠躬盡瘁死於軍中者，不可謂非忠義也，並採而著之」。〔註3〕其中第七卷名《表忠錄》，專為毛文龍及麾下將士作傳，第八卷名《隱逸錄》，為不願仕清、歸隱山林的義士作傳。

2. 李元度《國朝先正事略》

李元度（1821～1887），湖南人。同治三年（1864）開始撰著清朝開國至咸豐朝「先正」人物傳，曾遍閱諸家文集及郡邑志乘，並參考史館列傳，兩年後定稿，分名臣、名儒、經學、文苑、遺逸、循良、孝義七門。傳主500人，附見608人。全書60卷，由曾國藩作序。

3. 宗室王公表傳

當即《欽定宗室王公功績表傳》，乾隆二十九年（1764）康熙帝幼子、諴親王允祕等奉敕撰。三十六年完竣，共6卷。四十六年國史館奉敕改纂為12

〔註3〕賈乃謙《朱溶及其〈忠義錄〉試析》，《遼寧大學學報》，1985年第4期，第35頁。

卷。首詳列封爵世系表，其後為傳，分列親王，郡王，貝勒，貝子，鎮國公、輔國公，獲罪宗室貝勒。

4. 外藩蒙古回部王公表傳

當即《欽定外藩蒙古回部王公表傳》，始纂於乾隆四十四年（1779），五十四年欽定成書，署名祁韻士等奉敕撰，凡 112 卷，後經增修成 120 卷。仿宗室王公表傳之例，前表後傳。一部落一表一總傳，各部戰功顯赫者立專傳。嘉慶至咸豐年間曾多次續纂。

5.《曾文正公大事記》

王定安（1833～1898）編，李鴻章、曾國荃審定。全書 4 卷，將曾國藩一生主要活動以大事記方式排列。有光緒二年（1876）刊本。

6.《滿漢名臣傳》

又名《滿漢大臣列傳》《國史列傳》，清國史館輯，嘉慶初年刊本 80 卷，記清開國至乾隆朝人物，正傳 918 人，附傳 167 人。

7. 儒林文苑傳

從名稱看當屬傳記史料，或為清國史館所輯，版本則未知。

（六）筆記資料

1. 趙翼《二十二史箚記》

清代史學家趙翼（1727～1814）研究二十四部正史之讀史筆記，因未計入《舊唐書》及《舊五代史》，書名只書二十二史。通過以史證史之法，對歷代正史作整體考察，評價史著、史實、事件及人物。出版於乾隆六十年（1795），總計 609 題，共 36 卷，另有補遺一卷。

2. 趙翼《陔餘叢考》

乾隆三十七年（1772）趙翼辭官致仕，循陔（奉養父母）之餘，考證學術，於五十五年刊行此讀書筆記。全書共 43 卷，卷 1～4 論經義，5～15 論史學、16～21 雜論掌故，22～24 論藝文，25 論記年，26～27 論官制，28～29 論科舉，30～31 論風俗名義，32 論喪禮，33 論器物，34～35 論術數及神佛，36～38 論稱謂，39～43 為雜考。

3. 熙朝新話

當為《熙朝新語》，託名余金撰，實為徐錫麟、錢泳同輯。熙朝指興盛的朝代，共 16 卷，輯錄清初至嘉慶朝軼聞掌故，成書於嘉道之際。

4. 王晫《今世說》

生於明末的作者仿《世說新語》體例寫成，記近 400 位清初人物逸聞趣事，並註明其生平大略。共 8 卷，分 30 門。

5. 李調元《淡墨錄》

記述清代錄取進士甲乙丙榜諸名臣言行、科場條例及奇聞軼事之書，因進士榜例以淡墨書，故名。成書於乾隆六十年（1795），16 卷。李調元（1734～1803），四川人，乾隆二十八年進士，戲曲理論家。

6. 趙翼《簷曝雜記》

是書彙輯趙翼一生所作零散的雜記文字，內容多為其在京及宦遊粵、桂、滇、黔等地的見聞，涉及清代典章制度、軍政事務、宮廷秘聞、科舉宦海、中外交流、民間習俗、詩文書畫、奇聞趣事等。

7. 庸齋隨筆

未見此名，或為陳其元（1812～1882）所著之《庸閒齋筆記》。該書 12 卷，多記清代歷史掌故，上自朝章國故、經濟民生、軍情外務，次及家世盛跡、風俗民情、舊聞軼事，下至讀書心得、詼諧遊戲之類。

（七）紀事本末體史料

1. 谷應泰《明史紀事本末》

谷應泰（1620～1690），字賡虞，號霖蒼，直隸人。順治四年（1647）進士，十三年任浙江學政後即延攬名士，廣稽博採，仿《通鑑紀事本末》例，收纂明代典章事蹟，兩年成此書。設 80 目，每目一卷，共 80 卷。

2. 魏源《聖武記》

魏源（1794～1857），字默深，湖南人。該書成於道光二十二年（1842），分為兩部分。前十卷包括《開國龍興記》《康熙戡定三藩記》《國朝綏服蒙古記》《康熙親征準噶爾記》《雍正兩征厄魯特記》《乾隆蕩平準部記》《乾隆勘定回疆記》《乾隆綏服西屬國記》《乾隆新疆後事記》《道光重定回疆記》《道光回疆善後記》《國朝撫綏西藏記》《西藏後記》《乾隆征廓爾喀記》《國朝俄羅斯盟聘記》《俄羅斯附記》《國初征撫朝鮮記》《乾隆征緬甸記》《乾隆征撫安南記》《雍正西南夷改流記》《乾隆初定金川土司記》《乾隆再定金川土司記》《國朝甘肅再征叛回記》《乾隆湖廣征苗記》《道光湖粵平猺記》《國初東南靖海記》《康熙戡定臺灣記》《康熙重定臺灣記》《乾隆三定臺灣記》《嘉慶東南靖海記》《康熙武昌兵變記》《嘉慶寧陝兵變記》《乾隆臨清靖賊記》《嘉慶川湖陝靖寇記》《嘉慶畿輔靖變記》《嘉慶川湖陝鄉兵記》共 36 目。後四卷即為《武事餘記》。

3. 魏源《武事餘記》

附於《聖武記》後，各題為《兵制兵餉》《掌故考證》《事功雜述》《議武五篇》，論述清朝軍事制度及軍隊建設，對城守、水守、軍政、軍儲及西南邊疆防禦等問題提出見解。

4. 楊陸榮《三藩紀事本末》

楊陸榮（1669～1756），江蘇人，於康熙五十六年（1717）完成此書，書中稱南明弘光、隆武、永曆三朝為三藩。共 4 卷 22 篇，卷一為《三藩僭號》《四鎮》《兩案》《馬阮之奸》，卷二為《王師平南浙》《王師平閩》《金、王收江西》《李成棟收粵東》《魯藩據浙東》《益藩擾湖東》，卷三為《楊、劉、万殉贛》《金、王之亂》《王師南征》《何騰蛟殉楚》《瞿式耜殉粵》《孫、李搆隙》《孫、李奔北》，卷四為《永明入緬》《檄緬取王》《蜀亂》《鄭成功之亂》《雜亂》。

5. 錢勖《吳中平寇記》

錢勖，生卒年不詳，江蘇人，曾為李鴻章幕僚，據見聞及有關章奏撰成此書。記事始自咸豐十年（1860）太平軍克江南大營，清廷命李鴻章督理江蘇軍務，止於同治二年（1863）蘇南太平軍被鎮壓，涉及組建淮軍、洋槍隊，任用將領，籌謀糧餉，開製造局仿造新式火器等事。共八卷，有光緒元年（1875）刊本。

6. 趙翼《皇朝武功紀盛》

乾隆五十七年（1792）成書，共 4 卷，述平定三藩及噶爾丹、統一準噶爾、對緬戰爭、平定大小金川、鎮壓林爽文起事、對廓爾喀戰爭等事。作者曾為軍機章京，熟悉相關諭旨奏摺，在翰林院時參修《平定準噶爾方略》，並參與緬甸、臺灣之役，有親身見聞。

7. 秦緗業、陳鍾英《平浙紀略》

共 16 卷，記左宗棠等在浙江杭州、金華等地圍攻太平軍始末，述杭州等城被太平軍攻克及清軍复浙境各地之事，及於左氏援皖南、江西，追擊太平軍至閩粵事。秦緗業（1813～1883）、陳鍾英依據奏疏、公牘、聞見等資料撰成。收錄許瑤光（1817～1881）《談浙》（亦名《談浙紀略》）部分資料。有同治十二年（1873）刻本。

8.《粵匪紀略》

此名有兩書。一為咸豐五年（1855）稿本，張曉秋撰，記太平天國人物、官制、軍制、戰法等。一為同治年間稿本，蕭盛遠撰，又名《江南大營軍事紀略》，作者從廣西清營入欽差大臣和春幕府，以其經歷及見聞寫成此書。

9.《剿平三省邪匪方略》

記載嘉慶年間鎮壓湖北、四川、陝西三省白蓮教起事的專書，慶桂（1737～1816）等撰。卷首為御製詩 9 卷，正編 352 卷，收錄嘉慶元年至七年十二月奏疏及上諭，續編 36 卷、附編 12 卷，收錄資料至十四年七月。有嘉慶十五年（1810）武英殿刻本。

10. 教匪紀略

當即《欽定平定教匪紀略》，托津（1755～1835）等奉敕撰，嘉慶二十一年（1816）成書。42 卷，記嘉慶十八年鎮壓天理教起事始末。

11. 汪堃《盾鼻隨聞錄》

汪堃，生卒年不詳，號欑園退叟，道光二十一年（1841）進士。盾鼻指盾牌把手，此書主要據作者咸同年間隨清軍與太平軍作戰時見聞纂成。約 3.5 萬字，共 8 卷，前 7 卷分別為《粵寇紀略》《楚難紀略》《江禍紀略》《汴災紀略》《摭言紀略》《異聞紀略》《各省守城紀略》，第 8 卷為所附《獨秀峰題壁》《楚南被難記題詞》《金陵紀事雜詠》《江寧女子絕命詞》。有抄本及光緒元年（1875）刻本。

（八）報刊史料

1. 中西見聞錄

當為同光年間美英傳教士丁韙良（1827～1916）、艾約瑟（1823～1905）等編撰的期刊《中西聞見錄》，主要介紹近代科技、工藝，亦有新聞、歷史、雜記等內容。

2.《京報》

清朝在京印行的半官方中文期刊，也稱「邸報」，內容為清政府允許公開的諭旨章奏等文牘。

（九）工具書

1. 褘理哲《地球說略》

美國傳教士褘理哲（1829～1895）用中文寫成的地理書，道光二十八年

（1848）初印時名為《地球圖說》，咸豐六年（1856）增訂後改此名。全書由兩幅地球圖、五幅大洲圖、近百幅插圖和 72 篇圖說組成。用圖反映各國各地區自然人文風貌，再用文字詳加解釋。光緒四年（1878）鉛印再版，另在日本有和刻本。

2.《縉紳全書》

書商為官紳編寫的參考書。介紹中央各衙門及直省各級地方政府，包括官缺官俸、各司職責、相見禮儀、各官駐地、錢糧倉儲、風俗概貌、各官簡歷等。按季編刻，反映最新變化情況。下節可見實例。

3.《中樞備覽》

記錄各地武官姓名及缺分等情況的參考書。「中樞」指兵部。下節可見實例。

4.《爵秩全書》

記錄各地文官姓名及缺分等情況的參考書。由吏部刊刻的官方刻本稱《爵秩全覽》，民間坊刻本亦有《爵秩全函》之名。

5. 忌辰表

據《清朝史略》凡例，當為《黃歷・忌辰表》，記有歷代帝王忌辰。

6.《三場程式》

可謂科舉時代的考場須知，告誡考生考試規程、避諱、塗改等注意事項的工具書。

（十）收藏於日本的清史資料

1.《三朝實錄》

實錄為嗣君給上一代皇帝修撰的編年體史書。清代修纂太祖實錄始於天聰七年（1633），順治六年（1649）太宗實錄開館修纂，世祖實錄初纂於康熙六年（1667）。此即清朝官修的前三朝實錄，合稱《三朝實錄》。其書經過多次修訂，至乾隆四年（1739）成為定本。日本收藏有多種《三朝實錄》抄本，較早的包括康熙本的雍正年間抄本、寶曆十三年（1763）輸入的抄本、18 世紀末大府司計丹後守久世家藏《清三朝實錄》等。其中久世家藏本曾被日本學者邨山緯、永根鉉（北條鉉）節抄出《清鑑易知錄》《清世祖章皇帝實錄採要》《大清三朝事略》三書。「康熙本《三朝實錄》較之於乾隆定本具有更高的史料價值。」〔註4〕尚不知佐藤楚材參考的是哪個版本。

2.《夷匪犯境錄》

日人抄本，記鴉片戰爭定海之役及以後事，安政四年（1857）出版，一說為 6 卷，其中附《夷匪犯境見聞錄》3 卷，一說有《夷匪犯境聞見錄》6 卷。〔註5〕

3. 齋藤馨《鴉片始末》

齋藤馨（1815～1852），字子德，號竹堂。日本學者，天保十四年（1843）著此書，述鴉片戰爭事。

4.《北支那戰爭記》

法文書日譯本。「1874 年日本出兵臺灣，出於軍政界瞭解中國國情的需要，曾組織政府屬下的譯員將近 200 頁篇幅關於第二次鴉片戰爭的法文著作」〔註6〕譯出，以此名刊印。

5.《清俗紀聞》

1799 年日本出版的關於清乾隆時期江、浙、閩一帶民間習俗及社會情況的調查記錄，材料由對赴日商人進行訪談而得來，書中繪有所述事物的圖像。

（十一）其他

1. 收大小金川紀略

有來保等《平定金川方略》、阿桂等《平定兩金川方略》，有程穆衡《金川紀略》，此《收大小金川紀略》則未知其書。

2. 收西藏紀略

僅查到近代地理學家龔柴著有《西藏紀略》，未見有《收西藏紀略》一書。

3. 浙西紀略

有《浙東紀略》，為記載南明魯王政權始末之書。作者徐芳烈，字涵之，

〔註4〕齊木德道爾吉《關於康熙本〈三朝實錄〉》，《內蒙古大學學報（人文社會科學版）》2002 年第 3 期，第 30 頁。

〔註5〕參見：增田涉著，由其民、周啟乾譯《西學東漸與中國事情》，江蘇人民出版社 2010 年版，第 45 頁。榮孟源《〈夷匪犯境聞見錄〉校記》，《文史哲》1984 年第 1 期，第 49 頁。

〔註6〕易惠莉《日本漢學家岡千仞與王韜——兼論 1860~1870 年代中日知識界的交流》，丁日初主編《近代中國》（第十二輯），上海社會科學院出版社 2002 年版，第 176 頁。

浙江人，魯王時官中書舍人，所記多親歷，以日記體敘述。《浙西紀略》未知何書。

4. 李鴻章平捻記

未查到此名之書。或即時人周世澄撰《淮軍平捻記》，共12卷，按年月詳記鎮壓捻軍事，彙集奏疏、文報及有關言論，並記述淮軍軍制、糧餉等情況。

5. 回匪紀略

未查到此名之書。《欽定平定陝甘新疆回匪方略》《欽定平定雲南回匪方略》均晚出，另孫衣言（1814～1894）有《會匪紀略》，書名也對不上。

6.《臺灣紀略》

此名有兩書。一為地方志1卷，林謙光撰於康熙二十二年（1683）清統一臺灣後，分形勢、沿革、建置、山川、沙線礁嶼、城郭、戶役賦稅、學校、選舉、兵防、津梁、天時、地理、風俗、物產共15目，附以澎湖略圖。一為紀事本末體史書70卷〔註7〕，亦名《欽定平定臺灣紀略》，乾隆五十三年（1788）奉敕撰，纂輯此前鎮壓林爽文起事的諭旨章奏。

7. 臺灣戰記

未知此書。甲午戰後曾有此名之書記割臺抗日之事，其較《清朝史略》晚出。

8. 中西關繫錄

未查到此名之書。或為美國傳教士林樂知（1836～1907）於光緒二年（1876）在上海出版的《中西關繫略論》。

9. 續耆舊傳

耆舊指年高有德之人，史志中常設耆舊傳。獨立著作有北宋句延慶《錦里耆舊傳》、宋代佚名《京口耆舊傳》、馬其昶（1855～1930）著於清末的《桐城耆舊傳》等，續作有北宋張緒《續錦里耆舊傳》等，均不相符。

通過以上分類解說，可知《採集參証書目》中的順序較為隨意，並未嚴格按照類別或時間先後排列。

上述74種參考書目中，史志最多，有16種，其次是紀事本末體史書，11種。最具特色的當為收藏於日本的清史資料，劃入其他類的未知之書，如書名無訛誤，或也屬此類。

〔註7〕馮爾康《清史史料學》，故宮出版社2013年版，第418頁。

第二節 《清朝史略》的附錄官品人名

《採集參証書目》之後，《清朝史略》依次列出《官階品級》〔註8〕《武衛官階品級》〔註9〕和《宗室內閣人名》〔註10〕，以下通過列表的形式分述之。

一、節錄自《縉紳全書》的《官階品級》

品　級	官　職	備　註
正一品	太師、太傅、太保，大學士。	
從一品	少師、少傅、少保，太子太師、仝太傅、太保，各部院尚書，都察院左、右都御史。	「仝太傅、太保」指太子太傅、太子太保。
正二品	太子少師、仝少傅、少保，總督，左、右侍郎。	「仝少傅、少保」指太子少傅、太子少保。
從二品	內閣學士，翰林院掌院學士，巡撫，布政使。	
正三品	左、右副都御史，通政使，詹事，按察使。	
從三品	光祿寺卿，鹽運使，太僕寺卿。	
正四品	通政司副使，少詹事，（順天、奉天）府丞，各省主巡道。	
從四品	國子監祭酒，內閣侍讀學士，（侍讀、侍講）學士，知府。	
正五品	左右春坊庶子，給事中，郎中，治中，同知，各直隸州知州，各府同知，通政使參議，理事官。	
從五品	翰林侍讀、學〔註11〕侍講，監察御史，員外郎，知州。	「學」當為衍字。
正六品	內閣侍讀，司業，通判，經歷，五官正。	此經歷為都察院、宗人府經歷。
從六品	翰林院修撰（一甲第一名進士授），僧錄司闡教，道錄司（演法）。	實為道錄司演法，為排在一行而用小字。
正七品	翰林院編修（二甲第二名進士），筆帖式，主簿，知縣。	「二甲第二名」應為一甲第二、三名。此筆帖式為各部院七品筆帖式。此主簿為太僕寺、大理院主簿。

〔註8〕殷夢霞、李強選編《外國人著清史八種》，第三冊，第41～43頁。

〔註9〕殷夢霞、李強選編《外國人著清史八種》，第三冊，第43～44頁。

〔註10〕殷夢霞、李強選編《外國人著清史八種》，第三冊，第45～46頁。

〔註11〕衍字。

從七品	檢討（三甲進士庶吉士散館補授），中書，主簿，博士，經歷。	「三甲」應為二甲、三甲。此主簿為詹事府主簿。此經歷為鑾儀衛經歷。
正八品	翰林院五經博士，朝鮮通事，各部院筆帖式。	亦有七品朝鮮通事。〔註 12〕此筆帖式為各部院八品筆帖式。
從八品	翰林院典簿，布政使照磨，僧錄司覺義。	
正九品	五官司書，各府知事，茶馬大使。	
從九品	翰林院待詔，五官司農，（僧錄司）都綱，府陰陽（正術）。	小字是為使其能排在一行。

原書中所列並非所有文官，僅為舉例說明。所節錄的諸多官職在正文中也並未出現。

二、節錄自《中樞備覽》的《武衛官階品級》

品　級	官　職	備　註
正一品	領侍衛內大臣。	掌鑾儀衛事大臣亦是。〔註 13〕
從一品	內大臣，（八旗滿洲、蒙古、漢軍）都統，外省駐防將軍。	
正二品	統領，總兵，副都統。	步軍統領為從一品。
從二品	散秩大臣，副將。	
正三品	一等侍衛，參領，總管，王府長史，參將。	
從三品	一等護衛，遊擊，參領。	此參領包括包衣護軍參領、包衣驍騎參領、五旗參領。
正四品	二等侍衛，佐領，協尉，聖廟百戶。	
從四品	城門領，察哈爾副參領，太僕寺馬廠、駝廠總管。	
正五品	三等侍衛，步軍副尉，步軍校，防禦。	
從五品	守禦所千總，四等侍衛。	
正六品	藍翎侍衛，營千總。	
從六品	衛千總，內務府六品翎長。	
正七品	城門吏，弓匠固山達，把總，七品廕、監生。	

〔註 12〕參見任雙燕編製《清代中央國家機關文武官員品級一覽表》，載於張德澤《清代國家機關考略》，學苑出版社 2001 年版，第 320 頁。

〔註 13〕本表備註均參見任雙燕編製《清代中央國家機關文武官員品級一覽表》，同上書，第 315～322 頁。

從七品	盛京遊牧副尉。	貝子公府七品典儀亦是。
正八品	八品廕、監生，外委千總。	
從八品	委署親軍校，副護軍校。	
正九品	外委把總。	各營藍翎長亦是。
從九品	太僕寺委署固山達，額外外委。	

原書至此有小字「文武品級終」〔註 14〕。與上文相同，其所列也並非所有武官，僅為舉例說明，其中諸多官職在正文中並未出現。

三、節錄自《縉紳全書》的《宗室內閣人名》

類　別	人　員	備　註
宗人府衙門(五人)	(宗令)和碩惇親王，(左宗正)和碩恭親王，(右宗正)和碩禮親王世鐸，(左宗人、郡王銜)多羅貝勒奕劻，多羅〔註 15〕多羅貝勒載治。	惇親王為奕誴(1831～1889)，恭親王為奕訢(1833～1898)。世鐸(1843～1914)，奕劻(1838～1917)，載治(1839～1880)。
內閣衙門大學士(四人)	(太子太保、文華殿大學士、直隸總督、一等伯爵)李鴻章(安徽人)，(太子太保、武英殿大學士、經筵日講起居注官、軍機大臣稽察)寶鋆(滿洲人)，(太子太保、東閣大學士、陝甘總督、一等伯爵)左宗棠(湖南人)，(太子太保、體仁閣大學士、經筵講官、總管內務府大臣)英桂(滿洲人)。	李鴻章(1823～1901)，寶鋆(1808～1891)，左宗棠(1812～1885)，英桂(1798～1879)。
協辨〔註 16〕大學士(二人)	(經筵講官、協辨大學士、吏部尚書)載齡(滿洲人)，(經筵講官、太子太保，教習庶吉士、軍機大臣、協辨大學士)沈桂芬(順天人)。	載齡(1812～1883)，沈桂芬(1818～1881)。
內閣大〔註 17〕學士(兼禮部侍郎十人)	阿昌阿(滿洲人)，松森(宗室、滿洲人)，載慶(滿洲人)，鐵祺(蒙古人)，名闕(宗室、滿洲人)，慶福(滿洲人)，龔自閎(浙江人)，孫貽經(浙江人)，馮譽驥(廣東人)，祁世長(山西人)。	本欄應為內閣學士。載慶亦為宗室。名闕者當為崑岡〔註 18〕或奕慶〔註 19〕。

〔註 14〕殷夢霞、李強選編《外國人著清史八種》，第三冊，第 44 頁。

〔註 15〕此「多羅」應改為「(右宗人)」。

〔註 16〕該書「辦」字均用通假字「辨」。

〔註 17〕衍字。

〔註 18〕《縉紳全書(光緒三年秋)》，見《清代縉紳錄集成》，大象出版社 2008 年版，第 39 冊，第一三頁。

〔註 19〕《縉紳全書 中樞備覽(光緒四年秋)》，同上書，第 40 冊，第一三頁。

原書至此寫有「以上節錄《縉紳全書》，以備讀者參觀，如其兼官，略而不具。　附錄終。」〔註20〕字樣，並未說明所用《縉紳全書》的版本。因松森於光緒三年底調內閣學士兼禮部侍郎銜，次年二月、三月崑岡和他先後轉任，佐藤楚材所用的《縉紳全書》當在光緒四年（1878）春編成。

〔註20〕殷夢霞、李強選編《外國人著清史八種》，第三冊，第44頁。

第四章 《清朝史略》的眉批、註釋及按語

《清朝史略》和增田貢兩書中都有眉批，不過比較起來密度較低，每頁多則兩三個，還有很多頁一個也沒有，總數合計為 563 個。

《清朝史略》書中亦有不少註釋，與《滿清史略》相仿，其形式是以小號字在正文間雙行書寫。為便於閱讀並強調註釋的重要作用，本書在行文中用括號表示。

《清朝史略》正文中的歷史評論有多種形式，包括「楚材曰」「史氏曰」「論者曰」等，詳見本書第五、六章。此外，在該書的 205 個註釋中，還有一處寫作「按」的按語，此格式未見於正文，本章第二節詳述。

第一節 《清朝史略》的眉批

一、眉批的內容

詳見下表：

《清朝史略》眉批一覽表

序號	頁碼	眉　批	正文及註釋	備註及類別
1	61	寧古塔風土	景祖兄弟五人，……皆稱寧古塔貝勒。	詳見下節
2	64	堂子	太祖……率諸貝勒拜堂子起行。	

3	64	古呼山之戰	九國之師三萬分路來侵……太祖……至古呼山，據險而陣……是役斬級四千，獲鎧冑千餘副，自此軍威大震，遐邇懾服。	「國」不妥，前文為扈倫四部、蒙古三部及長白山二部。「古呼山」亦作古勒山
4	74	薩爾滸之戰	時杜松以三萬餘眾屯薩爾滸山……	
5	76	尚間崖之戰	太祖馳赴尚間崖，明兵二萬軍山麓……明與我朝之興亡肇於此戰。	此戰為薩爾滸之役的一部分，「我」字不妥
6	78	熊廷弼	明逮楊鎬治罪，以熊廷弼代之。	
7	78～79	瀋陽之戰	天命六年春，大舉攻明瀋陽……是役明以萬餘人當我數萬兵，力屈而覆，為遼左用兵以來第一血戰。	評語與《清史攬要》（以下簡稱《攬要》）略同
8	79	袁應泰	袁應泰併力城守……明經略袁應泰……	身份應先書
9	79	遼陽之戰	我兵遂乘勝攻遼陽……遂定議遷都遼陽。	「我」字不妥
10	80	三方布置之策	熊廷弼……建三方布置策：廣寧、登、萊各設巡撫，而經略駐山海關節制三方。	智略類
11	80	「兵」疑「集」之誤	敵人新兵	校勘類
12	88	兵制	國朝兵制，太祖天命元年前二載……始立八旗……	制度類
13	89	禁旅、駐防	存京師為禁旅，而分鎮各省為駐防。	制度類
14	92～93	朝鮮風土	天聰元年正月，遣大貝勒阿敏征朝鮮。	此「大貝勒」指三大和碩貝勒
15	95	征朝鮮	……於是遣使往江華島涖盟，約為兄弟之國。	
16	97	攻錦州	力攻城西隅，垂克，為明三面乘陴兵鏖救所卻……	
17	99	伐明	三年……冬，大舉伐明，兵十餘萬，分道深入。	
18	101	明季奇功	惟昌黎知縣左應選率居民並集各城潰兵登陴固守……	評論類
19	102	攻大淩河城	五年……秋，復攻大淩河城。	

20	104	大淩河城陷	十月	
21	105	流賊	……五千人潰而歸，而晉賊又從此起……東西交鬨，明遂不可為矣。	評論類
22	109～110	四路伐明	一從尚方堡至大同；一由龍門口入，會于宣府；一由獨石關入，會于應州；一由得勝堡入，歷大同趨朔州。	
23	113	傳國璽	王子額哲奉傳國璽來降，是為我國受命之始。	「我」字不妥
24	115	改元崇德	四月十一日乙酉	
25	115	國號大清	四月十一日乙酉	
26	116	伐明	太宗將親征朝鮮，先伐明以挫其援。	
27	118	征朝鮮	十一月，親征，馳檄朝鮮，討其敗盟之罪。	
28	120～121	兩路伐明	三年……秋八月，命睿親王多爾袞、克勤郡王岳託等兩路伐明。	
29	126	祈籤議和	明國大震，崇禎帝祈籤于奉先殿，始決和議。	
30	127	扼運河之策	祖可法言：……斷其通津餉運、西山煤路，則燕都立困。	智略類
31	129	剿餉、練餉	崇禎中復加剿餉二百八十萬，練餉七百三十萬。	詳見下節
32	130	問學	太宗諭曰：……子弟八歲已上皆令讀書。	詳見第五章皇太極
33	133	睦親	天聰七年五月，召諸覺羅賜宴……	
34	135～136	山海關	高宗……諭言：……所克山東、直隸郡邑輒不守而去，皆由山海關阻隔之故……	
35	143～144	山海關之戰	四月二十有二日	
36	142～144	破流賊	李自成……麾蓋先走，賊眾望之，遂土崩……	詳見第六章明末農民戰爭
37	145	攝政王入燕京	五月朔	詳見第五章多爾袞
38	145	福王稱帝於南京	改元宏光。	實為弘光
39	147	定都燕京	十月朔	

40	152	南京陷	明勛戚文武大臣迎降。	
41	152	福王降	江南悉定。	
42	153	唐王稱帝	明唐王聿鍵稱帝福建。	
43	154	「兵」作「將」	蘇州巡撫王國寶、松江提督吳兆勝、吳松總兵李成棟皆以降兵乘勢騷虐。	校勘類
44	154～157	薙髮之亂	……是為上下江士民之師……我軍閉城，嚴督薙髮，違者斬之……各郡邑皆復，上下江略定。	「我」字不妥
45	157	三年	順治	紀年類
46	157～158	孔聞譚上疏	……獨臣家服制，三千年未之有改，今一旦變更，恐皇上崇儒重道之典，未有備也，應否蓄髮以復本等衣冠，統惟聖裁。	「旦」應為「旦」
47	162	鄭成功	鄭芝龍子成功及兄子鄭彩、鄭聯，竝擁眾海上，是為浙閩沿海二寇之始。	詳見第五章鄭成功
48	163	桂王稱帝	改元永歷	實為永曆
49	180～181	磨盤山伏兵	李定國……自伏精兵六千于永昌之磨盤山……	
50	182	甘輝	部將甘輝請取揚州斷山東之師，據京口斷兩浙之漕……成功不聽。	
51	183	「郎」字恐誤	郎廷佐	實無誤。 校勘類
52	185	明裔亡	于是桂藩之局結。	
53	185～186	《三國演義》	有蜀人金公趾者在軍中為說《三國演義》，每指可望為董卓、曹操，而期定國以諸葛。	
54	186	李國定為忠臣之殿	李定國……自誓努力報國，洗去賊名，百折不回，殉身緬甸，為有明三百年忠臣之殿。	眉批字誤。 評論類
55	188	得力於《三國衍義》	十七年，頒賜《三國演義》……滿洲武將不識漢文，多得力於此。	詳見第五章福臨
56	191	相業	范文程，字憲計……	「計」應為「斗」。 詳見第五章范文程
57	195～196	冠御賜冠，衣辭母時衣	次子承謨……在械所三載。	

58	196	桴炭書壁	為詩文，以桴炭書壁上。	
59	196	麻尼	蒙古人嘛尼……謀令出走……	用字不一
60	197～198	前猛後寬	三子承勳……尋督兩江，初公在滇黔發奸糾暴無所貸，至是專務清靜以與民休息。	評論類
61	199～200	佐命功第一	……順治十六年追論佐命功第一。	詳見第五章費英東
62	204	一「法」字衍	法法司	詳見第五章希福。校勘類
63	206	三易馬	……所乘馬死傷，易馬復負傷，再戰益奮……四戰皆捷。	詳見第五章伊爾登
64	206	詔圖其像	太宗歎其勇絕……又詔圖其像，一藏內府，一賜其家。	
65	209	佟氏多才	佟氏一門號多才……勤惠公……養甲……養量……岱……國鼐……國器……國楨……鳳彩，皆有聲於時。	詳見第五章佟養性
66	210	恩養明裔	佟岱……言故明鐘祥王朱慈若等，皆衰殘廢棄，僅存餘喘，請撫卹以彰我朝浩蕩之仁。	
67	215	石佛	……能戢兵安明，民間稱為石佛。	詳見第五章石廷柱
68	215	五十八戰皆捷	崇德九年，帥師直入明境，五十八戰皆捷，俘獲億萬計。	「九」應為「元」。詳見第五章揚古利
69	216	被創滿身	王自結髮從軍，大小數百戰，被創滿身，不少挫，而持身敬慎。	
70	216	二百餘疏	公在言路最久，先後二百餘疏，或立見施行，或始詘於眾議，後卒以公言為然，或天子排眾議而獨伸公言。	詳見第五章魏裔介
71	220	三覲乃行	……以疾乞骸骨，諭三覲乃行……	詳見第五章魏象樞
72	220	直臣之冠	公為本朝直臣之冠，彈劾必匪人，薦引必正人。	評論類
73	221	圖海	姓馬佳氏，字麟洲。	詳見第五章圖海
74	221～222	舉直嚴重	世祖幸南苑，公負寶以從。上見其舉趾嚴重，立授秘書院學士。	正文為「舉趾」，眉批字誤

75	231	朱成功卒	明延平王、招討將軍朱成功卒于臺灣。	
76	231～232	臺灣風土	亘閩海中……自鄭氏以前，中國人無至其地者……	誤
77	232	成功焚儒服	（芝龍已降，成功攜所著儒巾襴衫赴聖廟焚之。）	
78	232	施琅	（與所善陳暉、張進、施琅等願從者九十餘人，乘二巨艦去。）	
79	234	移沿海居民	詔移沿海居民三十里界外於內地。	
80	234～235	張煌言	多年抗不就撫，借名歸隱徜徉海外……遂擒煌言及其親信。	
81	240	吳三桂叛	……後三藩，平西王吳三桂、平南王尚之信、靖南王耿精忠也。	詳見第五章吳三桂
82	246	黨務禮告變，魏裔介先見	舟馬疾馳十二日至闕告變，舉朝震動。	「魏裔介先見」詳見下節
83	247	李光地蠟丸告變	（時編修李光地家居，蠟丸告變，且請大兵由汀州間道入閩。）	
84	252	圖海機智	……掠者悉不問，……曰：「察哈爾元之後裔，數百年珍寶山積，爾等能破之，富且百倍於此。」眾踴躍，無不一以當百，遂破之歸，而請豁所過宣府等地糧以卹邊氓。	評論類
85	258	僭號，賊智，非自娛	恐四方見輕，情竭勢屈，乃思竊帝號自娛。	評論類
86	258	三桂僭號	郊天即位，改元昭武。	
87	260～261	「也」下脫「十月」二字	……無能為也。逆孫世璠自滇至衡，始發喪僭號，改元洪化，迎喪還滇。	校勘類
88	263～265	亂後處分	詔曰：……老師糜餉，誤國病民，情重罪大。于是削爵、藉產、拘禁有差……皆罪之。	
89	265	趙良棟嚴禁軍士	諸將爭取子女金帛，惟趙良棟嚴禁軍士，并簿籍、藩產以獻。	
90	267	「能」下脫「剪」字	卒能滅	校勘類
91	267～269	論封建	論者又曰：……于封建，有其名，無其實；于藩鎮，收其利，去其害……	評論類
92	269	趙良棟首	破滇之役，趙良棟主功。	

93	270	臺灣平	康熙……二十年	
94	271～272	貝子賴塔與書	于是貝子賴塔與經書曰：自海上用兵已來，朝廷屢下招撫之令，而議終不成，皆由封疆諸臣執泥削髮登岸，彼此齟齬……	「經」指鄭經
95	272	耳目徧海島	姚啟聖……在閩靡財如河沙，耳目徧海島，官帑不足則回易貿遷以濟之，前後揮霍百万。	
96	274	五馬奔江	鄭氏……石井山祖墓號五馬奔江者不知所在。	
97	275	堅壁清野	恐沿海奸民逋逃通寇，遂議堅壁清野之計。	
98	276	從賊諸臣放回鄉里	……大惡不赦外，餘共落職，旋回鄉里。	
99	276	倣柏梁體	羣臣集大和殿下，倣柏梁體以次各賦詩九十三韻。	應為太和殿
100	277～278	待卿等遊釣	……因天氣炎熱移駐瀛臺……今於橋畔懸設罾網，以待卿等遊釣……	
101	278	王士正請刻十三經、二十一史	請修補國學所藏十三經注疏、二十一史刻板。	即王士禎
102	279	河工	靳輔議開大河，建長堤，高一丈五尺，束水一丈，以敵海潮；于成龍議開濬海口故道。	詳見第五章第一節于成龍
103	279	詳問地方父老	尋命詳問地方父老回奏。	
104	279～280	吳中風俗	湯斌疏言吳中風俗，尚氣節，重文章，而俳巧者每作淫詞艷曲，壞人心術……得旨：淫祠惑眾誣民，有關風化，如所請勒石嚴禁……	
105	282～283	武昌兵變	二十七年，並裁湖廣總督員缺標二千，不籌安置，裁日罷餉，于是洶聚謀變……驍桀夏逢龍……遂推逢龍為魁而大元謀主。	
106	284	葉映榴遺疏	……自具遺疏，遣家人懷印奉母出城。自剄死，疏曰：茲值裁兵夏逢龍倡亂，卻奪臣勅印，並分兵圍臣衙門，露刃迫脅。臣幼讀詩書，粗知節義……	該書李天生傳中稱此為「本朝兩大文章」之一

107	291	揚言誤敵	噶爾丹遂藉詞報復，揚言俄羅斯兵至，喀爾喀探之無其事，守備懈，而噶爾丹言之不已，喀爾喀益不信。噶爾丹潛遣剌麻千人遊牧其地，喀爾喀亦不以為意也。	「剌麻」即喇嘛。
108	293	烏蘭布通之戰	撫軍大將軍、裕親王福全為左翼，皇子允禎副之……	應為撫遠大將軍。「允禎」應為胤禔
109	294	急著	……遣西藏剌麻來乞和，詔速進兵，毋墮賊計，而噶爾丹不俟報即拔營……	智略類
110	302	昭莫多之戰	……適我西路兵邀之乎昭莫多。……	
111	307	朔漠平	……自阿爾泰山以東皆隸版圖，拓喀爾喀西境千餘里。	
112	308	費揚古捷奏	（大將軍費揚古奏捷朔漠，惟言……）	詳見下節
113	309	于成龍運餉	……特起于成龍以都察院左都御史總統督運中路大兵糧餉。	詳見第五章第一節于成龍
114	310	弱水	（青海，漢時……）	詳見下節
115	310	蒙古	（其地西回疆……）	詳見下節
116	312	木蘭	木蘭者，圍場之通稱也。	
117	314	必訪詢百姓	諭大學士曰：……不時巡行，經歷之地，必訪詢百姓……	
118	314	風聞言事	朕欲開風聞言事之例，督撫已下官吏，若有關係民生者，許科道員以風聞入奏。	
119	316～317	不得過六百五十字	陳廷敬奏：會元尚居易，首篇一千二百餘字，文亦不佳。向來作文不得過六百五十字，所作違例，應黜革。從之，考官皆獲罪。	
120	320～321	天主教居心不測	廣東總兵陳昂疏言：天主一教，設自西洋。今各省設堂招集匪類，此輩居心不測……乞勅早為禁絕。	
121	323	轉生演教	喀宗巴……遺囑二大弟子，世世以呼畢勒罕轉生，演大乘教。	應為宗喀巴
122	332	社倉	得旨：社倉之事，李光地行之數年，並無成功。此始于朱子，僅可行于小	

			邑鄉村，若奏為定例，屬官吏施行，於民無益。	
123	339	天地間一大戲場	（嘗聞康熙帝御書聯……）	詳見第五章玄燁
124	342	蓄猿伺敵	……蓄雙猿伺動靜。	指張煌言，詳見第五章趙廷臣
125	343	葬岳忠武、于忠肅二墓之間	遺民萬斯大等請葬煌言於南屏山，在岳忠武、于忠肅二墓之間，公亦許之。	
126	349	將略	費揚古，姓棟鄂氏，滿洲人。	詳見第五章費揚古
127	349	「性樸」已下二十八字刪	性樸直而貌雄奇，待人以和，無疾言遽色，好在上前自言己短，人多笑之。	校勘類
128	351	昭莫多之戰	昭莫多者，蒙古語大樹林也。	傳中與紀中有重複
129	353	不須傳宣	有求見者，不須傳宣，登時召入。	
130	355	錄疏示公	……哈密回人擒獻噶爾丹子……上以其疏錄示公。	
131	358	醇儒	湯文正公，諱斌，字孔伯。	詳見第五章湯斌
132	359	治河	靳公諱輔，字紫垣。	詳見第五章靳輔
133	359	因勢利導	條上河工事宜，分列八疏，大指以因勢利導為主。	
134	360	約之以隄	水流甚廣而地勢有高下，使非約之以隄，水經由能不漫潰乎？	
135	362	日進講宏德殿	……聖學浩大，實自公發之。	實為弘德殿。詳見第五章熊賜履
136	363	設南書房	……命公入直，賜第西安門內。	詳見第五章張英
137	365	于成龍	于清端公成龍，字北溟。	與前非一人。詳見第五章第二節于成龍
138	368～369	詭名楊二	……有張某者，盜魁也……乃半途微服傭其家，詭名楊二，司洒掃謹。張愛之，使為群盜先，居無何，盡悉盜之伴侶胠篋機密約號，乃遁去……	

139	370	指其頭曰取	公解冠几上，指其頭曰取。	
140	374	戍卒倡義	獨公以戍卒倡義……尤為奇偉。	詳見第五章傅弘烈
141	377	聖祖亦有此等事	上御瀛臺，教諸皇子射，公不能挽強，上怒，以蜚語詰責。奏辨，上震怒，命扑責，被重傷。命籍其家……	詳見第五章徐元夢。評論類
142	382	何如朱錫鬯	……曰：吾貴為尚書，何如秀水朱錫鬯，以七品官歸田，飯蔬飲水，多讀萬卷書。	詳見第五章韓菼
143	384	軍令如山	賊大驚曰：此老將軍軍令如山，不可抗也。	詳見第五章趙良棟
144	386	有古大臣風烈	……其遠識確守，上謂有古大臣風烈，加一等精奇呢哈番，召入都，以將軍管鑾儀衛事。	「呢」應為「尼」
145	389	入聖門庭	……讀《小學》《近思錄》，乃恍然曰：入聖門庭在是矣。	詳見第五章張伯行
146	390～391	取腐一塊	士民扶老携幼具菓蔬來獻，公辭，皆泣曰：……乃取腐一塊……	
147	392	春風亭	吳人建春風亭於公祠。	
148	397	一文亭	……去官，乞留者萬人，不得請，乃人投一文錢建雙亭於府署前。	詳見第五章施世綸
149	397	碎靛缸	……或勸為染人，尋發憤棄去，持斧擊靛缸，碎之。	詳見第五章藍理
150	403	書「藍理」二字	時諸將所乘舟皆書官銜姓氏於旗上，獨公舟上書「藍理」二字，字方廣各二丈。	
151	405	地方不義之財	……常曰：以地方不義之財為地方之利，可以勸孝弟，抑豪強，轉移風化。	
152	406	虎帖	妬公者因刻匿名帖，繪一虎以比公，多列罪狀。五十年，坐盜案落職，巡撫滿保據虎帖劾公。	
153	406	署曰「皆實」	公曰：「吾大臣，何必辨？」舉筆署曰：皆實。	
154	410	開修來館	……開修來館於漳州，凡言自鄭氏來者皆盛供帳，金帛恣所求。	詳見第五章姚啟聖
155	418	書名鎮門	……特授蘇州知府，時大饑且疫，公所在疫斷，書公名鎮於門。	詳見第五章陳鵬年

156	419	閉十二門，九日不得行	……得旨來京修書，百姓遮留公……	
157	425	《三場程式》諱胤禛。作「禎」，蓋誤	世宗憲皇帝，諱胤禛。	校勘類
158	426	黃教、紅教	（黃教、紅教，以衣色殊稱……）	詳見下節
159	428～429	烏闌之戰	年羹堯奏……進攻羅卜藏丹于烏闌。	應為羅卜藏丹津
160	430～431	和通泊之敗	噶爾丹策零……伏兵二萬谷中……遂圍我前鋒四千于和通泊。……	
161	432～433	鄂爾昆河之戰	策凌……轉戰十餘次，追至鄂爾昆河之杭愛山，即古燕山之南麓也。	
162	433	賊智	……敵騎過者，皆燒荒以絕追兵……	智略類
163	436	西南改流	鄂爾泰奏言：雲貴大患……必改土歸流。	
164	440	亂源	苗疆吏以徵糧不善，遠近各寨蜂起……	
165	443～444	十月以下係高宗即位後之事	十月，授張廣泗七省經略……	校勘類
166	446	從苗俗處分	其苗訟仍從苗俗處分，不拘律例。	
167	448	不可只為錢糧起見，不顧百姓	雍正初，諭內閣：廣東總督楊琳辨理塩務以來，聞將窮民生理盡行霸佔，百姓怨憤。夫錢粮雖屬緊要，當為百姓存留微利養生……	
168	449	祭明陵	禮部遵旨請于知府朱之璉一支內擇一人隨差官同往……	
169	450	查檢冤枉	諭吏部：朕從前恐天下督撫參劾屬員或有不公，致受屈抑，曾降諭旨令歷年廢官具呈都察院查檢題明。……	
170	456	亦有是理	諭曰：縱法寔是足長奸，恐寬宥之後而犯者愈眾也。	評論類
171	459	每有之，他例所無	……撫久無成，公奏：欲百年無事，非改土歸流不可……疏上，盈庭失色，世宗大悅……	《鄂爾泰傳》影印不全，缺開頭
172	459～460	亦有是理	改流後反者歲數起，公慙怒次骨，奏請褫職討賊贖罪，世宗以為多一次變動，加一次平定，優詔不許。	評論類

173	463	卑視古人	……自命過高，常卑視古人。	詳見第五章鄂爾泰
174	465	始設軍機處	雍正四年……西北両路用兵……始設軍機處於隆宗門內。	詳見第五章張廷玉。制度類
175	465	明發上諭	凡百內外臣工所奏，皆面取進止，明發上諭。其有旨敕議者，審可否以聞。凡明發諭旨，皆下內閣，以次及於部科。	制度類
176	465	寄諭上諭	若指授兵略、誥誡臣下及查核刑政之失當者，為寄諭上諭，密封交兵部馳遞。	制度類
177	466	軍機大臣之任最為繁重	……有事無不綜彙，又無日不召對，上所巡幸無不從，而四方章奏亦皆以摺代本逕達軍機處……	制度類
178	471	「盛」字衍	盛極人世	校勘類
179	476	勵杜訥	諭曰：原任侍郎勵杜訥，向在南書房效力二十餘年，勒勞無過，應予謚。	「勒」應為「勤」。詳見第五章勵杜訥
180	483	奇門法布置	京師前門外有公潰第一區，按奇門法布置，居者每更動，則災害立至。	詳見第五章岳鍾琪
181	483	變身韋馱	（世相傳番僧號活仏者，倨受王公拜不動，見公則先膜手曰：此變身韋馱也。）	
182	487	更求可重者	公曰：「甫六十年而已得五十餘人，其不足重明矣。願公更求其可重者。」	句中之「公」指李光地。詳見第五章方苞
183	493	此時知田文鏡好否？	公對曰：「臣愚，雖死不知田文鏡好處。」	詳見第五章李紱
184	501	顧鐵牛	公雖剛正孤介，百折不回，有顧鐵牛之稱……	詳見第五章顧琮
185	503	「邑」下脫「非七邑」三字	昭陽敗魏取八邑	詳見第五章閻若璩。校勘類
186	513	先發後聞	……水災甚，……楊超曾發司庫銀倉穀分別賑恤。疏聞，手敕報曰：料理賑務頗為得法……	
187	514	制策取通治体	……命大臣集議，制策當取通達治體，以漢鼂錯、董仲舒，唐劉蕡，宋蘇軾為式。	

188	516	傅恆	……命大學士傅恆代訥親……	
189	529	賊智	忽有報台吉諾爾布已禽阿逆來獻者……不知報禽賊者，即賊所遣以緩師也。	智略類
190	539	葉爾羌之戰	師至葉爾羌，陣于城東，奪據其臺。出精兵來嘗我，三戰三北，入城固守不出……	
191	547～548	回疆烏什之變	烏什在庫車西北千里，戶口數万，亦回疆一大都會也。其伯克霍吉斯及二和卓之亂頗持両端……阿布都拉暴戾無親……辨事大臣蘇成素憒憒不治事，又酗酒宣淫……	未用註釋
192	551	王漁洋特謚文簡	高宗特旨：王士禛績學工詩，在本朝諸家中流派較別，從前未邀易名之典……	即王士禛
193	553	賊智	賊佯遣人議款，而分兵繞入萬仞關，圍永昌各邊。及我聲勢稍振，賊復乞降，以緩我師，而乘間襲猛卯城。	智略類
194	554	緬甸陣法	每戰則令土司濮夷居前，勝兵督其後，又以騎兵為両翼。戰既合，則両翼分繞而進。度未可勝，則急樹柵自環，而發連環鎗礮蔽之。比煙開，則柵已立，入而拒守。其兵法皆如此。	
195	556	我邦所謂繰退	每日先以一軍拒敵，即以一軍退至數里外成列，待軍至，則成列者復迎敵。	評論類
196	556	變化之捷	時我軍營山巔，賊即營于山下，明瑞以賊輕我甚，不可不痛創也……	
197	562	緬甸拒敵長技	寨據大坡，周二里，迤邐揷于江，柵皆鉅木，入土甚深，外周以三濠，濠外又横卧大樹，銳其枝末外向。	
198	564	四庫全書館	以河南紀昀為總纂官，每進一書，作提要……	
199	568～569	木果木之戰	温福剛愎，不廣咨方略，士心解体，而木果木之難作。……	
200	574	作惡劣字	「朕每見法司爰書，以犯名書作惡劣字，輙令改更，而前此書回部者每加犬……亦令刪去犬旁。此等無關褒貶，適形鄙陋。」	

201	577	「九年」疑「四年」之誤	乾隆四十九年三月，其徒蘇四十三聚黨殺老教萬餘，調各滇兵剿之……	應為四十六年。「滇」應為「鎮」。校勘類
202	584	右旋螺	命頒內庫所藏大吉祥利益右旋螺，以利渡海風帆。	
203	605～606	急智	……夜入獄刃其仇，與仲兄鴻淦一晝夜行三百里至會城，門啟而入，遭貨瓴甋者，仆焉，盡毀其器。訟於縣……	詳見第五章孫嘉淦。智略類
204	606	朕亦不能不服其胆	朱文端在側徐對曰：「此生誠狂，然臣服其膽。」良久，上大笑曰：……	朱軾，謚文端
205	608	三習一弊	上三習一弊疏，大略云：……	
206	608	自毀《春秋義》	初在翰林著《春秋義》，行世久之，瞿然曰：「吾學無真得，奈何妄測聖經？」遂毀之。	
207	616	炷香未燼	公歸舍，炷香未燼，酒尚温，乃揖祭者曰：「生受可乎？」	詳見第五章謝濟世
208	622	賢母祠	……於是襄陽及樊城、宜城並建賢母祠，不可抑止。	詳見第五章尹會一
209	625	三拜稽首，再拜稽首	太夫人……每閱邸報，至聖制惇大，必三拜稽首以慶，臣下有讜論訏謨，必再拜稽首。	
210	625	尹文端公，諱尹繼善	姓章佳氏，字元長，滿洲人。	詳見第五章尹繼善
211	625	八面瑩徹	遇事八面瑩徹，嘗一月間兼攝將軍、提督、巡撫、河南漕、鹽政、上下兩江學政等官……	「南」字衍
212	627	諸君必駁我	「我意如此，諸君必駁我，我解說之，則再駁之。使萬無可駁，而後行。」	
213	630～631	思至三日	公徐曰：「聖聰思至三日，臣昏耄，誠不敢遽對，容退而熟審之。」	詳見第五章劉統勳
214	645	「如」下脫「蘭」	同心之言，其臭如。	詳見第五章阿桂。校勘類
215	647	十七次不第	鄉試十七次不第。	詳見第五章沈德潛
216	656	尚餘一矢	觀公……尚餘一矢，欲復射，忽策馬向草深處，以其鏃刺喉死。	觀公指觀音保。詳見第五章明瑞

217	656	自割髯髮	公……自割髯髮，授家丁使歸報……	
218	665	四庫提要及目錄	……作提要冠諸簡首，上輒覽而善之。又奉詔選簡明目錄……	詳見第五章紀昀
219	2	白蓮教	白蓮教者，奸民假治病持齋，偽造經咒，以救劫為名，而安徽劉松為之首。	以下均為第 4 冊頁碼。 詳見第六章
220	2～3	亂本	……州縣吏奉行不善，逐戶搜緝，胥役乘虐……時川、湖、粵、貴民方以苗事困軍興，而無賴之徒亦以嚴禁私塩、私鑄失業，至是益讎官思亂，奸民乘機煽惑……	
221	5	王三槐起	四川達州奸民徐天德等……復與太平東鄉賊王三槐、冷天祿等並起。	
222	6	尾追不迎擊	上以永保擁京營勁旅及大兵萬餘，徒尾追不迎擊，致賊東西蹂躪無忌，逮入都治罪。	
223	13	親政更新號令	詔曰：國家深仁厚澤百餘年，百姓生長太平，使非迫于萬不得已，安肯不顧身家而鋌而走險？皆由州縣官官吏朘小民以奉上司，而上司以餽結和珅。今大憝已去，綱紀肅清……	誤在嘉慶三年，實在四年。一「官」字衍
224	13	不聞用兵於民	自古惟聞用兵于敵國，不聞用兵于吾民。……其王三槐所供川省良吏劉清外，尚有知巴縣趙華、知渠縣吳桂，其量予優擢，以從民望。……	
225	20	各殲賊本境	自後責成各督撫將帥，各殲賊本境，倘有逸出隣境者，即治以縱賊之罪，……	
226	20	「律」下脫「定」字	命逮福寧交刑部，按殺降律擬具奏。	校勘類
227	21	賊冉天元善戰	額勒登保以冉天元善戰，令楊遇春、穆克登布合左右翼全力擊之……	
228	21	蒼溪之敗	進剿冉天元于蒼溪……賊既敗右軍，復回攻左翼於山下。	
229	22	諸將分任	詔授德楞泰成都將軍，專辨川西之賊；授勒保四川提督，專辨川北之賊；責魁倫嚴守潼河。	「辨」通「辦」，下同

230	23	擒冉天元	德楞泰乘高險注矢引滿一發，殪冉天元之馬，蹶而禽之，賊遂瓦解。	
231	27	一械橫行	教匪本流賊，遇食便食，遇屋便舍，但持一械，即可橫行……	
232	29	大功戡定	……以大功戡定，遵旨不用紅旗，以黃表朱裏摺六百里馳奏。	「摺」字誤用示字旁。
233	30	本朝足利尊氏亦是	……鑒于明季李自成為陝兵剿敗，僅餘十八騎，亡命山中逾年，復糾眾出山大猖獗……	評論類
234	35	李長庚論海中剿賊	……海中剿賊，全憑風力，風勢不順，雖隔數十里，猶數千里，旬日尚不能到也……	實為清安泰奏言
235	35	「寡」疑「餘」誤	前無寡地皆不戰也。	校勘類
236	38	奴識長庚	……牽奴林阿小素識長庚，暗中由篷窗出火槍，中長庚胸而薨。	
237	40	天里教匪	……聚眾斂財，愚民苦胥吏者，爭與焉。	實為天理教
238	41	林清之變	林清及期，則使其黨二百餘輩由宣武門潛入內城……	
239	41	太監引賊	劉金等引其東，高廣福等引其西，閻進喜等為內應……	
240	44	髯將軍	官兵會攻道口，所嚮望見髯將軍輒披靡……	指楊遇春
241	44	城堅厚	滑縣為古滑州舊治，城堅厚，外磚內土中沙，大礮攻之，遇沙而止。	
242	45	佯築他柵	楊芳佯築他柵進攻，而潛堀舊隧，滿實火藥……	
243	48	常置座右	……上五箴於仁宗藩邸，曰養心、曰敬身、曰勤業、曰虛己、曰致誠。上力行之，及親政，亦常置座右。	詳見第五章朱珪
244	49	詣裕陵謝	拜體仁閣大學士，管理工部事。上以是命為遵先帝遺詔也，命詣裕陵謝。	
245	49	命遊諸勝	……上命遊覽西山諸勝，以散其懷。	
246	49	待卿八十當為壽	時公年七十有六矣。九月乞休，上曰：「待卿八十，當為壽。」	

247	50～51	賜諡文正，毋庸內閣擬請	「……揆諸諡法，實足當『正』字而無愧，著即賜諡文正，毋庸內閣擬請也。」	
248	55	此豈殿試耶？	「戴衢亨出身狀元，官學士，在軍機日久，與吳某同，用吳不如用戴。」	詳見第五章吳熊光
249	58	豈宜問道路風景耶？	「……皇上此行，欲面稽太祖太宗創業艱難之跡，以為萬世子孫法。豈宜問道路風景耶？」	
250	58	剪綵為花	「皇上前所見，剪綵為花，一望之頃耳。」	
251	58	汝不阻止	「朕臨御天下六十年，並無失德。唯六次南巡，而汝不阻止……」	
252	64	親政六日和珅下獄	越七年，仁宗親政六日和珅下獄，尋賜死。	詳見第五章曹錫寶
253	64	聖朝萬歲	……天下士聞之，莫不吞聲心折，呼聖明萬歲，嘆天道久而必彰也。	眉批字誤
254	68	疏沙器	公偕河督吳璥查勘舊海口，會醫生王勳獻疏沙器具圖……	詳見第五章松筠
255	69	出迎於近郊，不知其至	……單騎雜刺麻中抵圓明園，家人戚友出迎於近郊，不知其至也。	
256	69	即襆被行	其按事江南也，引對畢，即襆被行，不回私宅……	「襆被」均誤為示字旁
257	72	亦有此理，不可不知	其一生綽然，得自行其志者，亦名有以先之也。	詳見第五章戴敦元。評論類
258	72	寓凡數月	公之赴任高廉也，以地方情形非素習，寓蘇州之南濠凡數月……	
259	74	為之撤樂	勒公為之撤樂，乃復至，飲盡歡。	詳見第五章董教增
260	76	《經籍纂詁》	修《經籍纂詁》百十有六卷。	詳見第五章阮元
261	77	《十三經校勘記》	……成《十三經校勘記》二百四十三卷。	
262	78	《皇清經解》	……刻《皇清經解》，為書百八十餘，為卷千四百。	
263	85～86	翻譯《三國演義》	海蘭察……以公不識漢字，取翻譯《三國演義》授之，遂為名將。	詳見第五章額勒登保
264	86	一法	「……欲以我之長擊彼之短，惟有出其不意、攻其不備之一法。」	

265	86	常若臨敵	師行整隊伍常若臨敵……	
266	89	軍興以來戰功最	……賴公血戰破之生擒，為軍興以來戰功最……	詳見第五章德楞泰
267	91	緩不及事	公念俟奉旨始起程，恐緩不及事，遂親赴漳泉閱兵……	詳見第五章福康安
268	92	讓公為首功	時大學士阿文成以未臨行陣，奏讓公為首功。	
269	98	福將	……大小數百戰，皆陷陣冒矢石，或冠翎皆碎，或袍袴皆穿，未嘗受傷。上詢及，嘆為真福將。	詳見第五章楊遇春
270	99	畢生無侍姬	公畢生無姬侍，而操守尤廉。	
271	102	自引去	黎旦，賊辨其為公也，自引去。	詳見第五章楊芳
272	103	招撫	……單騎入賊營，曉以順逆。	
273	106	以一夫走賊數萬	是役以一夫走賊數萬，名震川東，鄉勇從之者如歸市。	詳見第五章羅思舉
274	106	羅必勝	……言每夜劫營必勝，崖溝間道必勝，冒旂誘敵必勝也。	
275	107	「嘗」疑「掌」誤	足嘗裹鐵沙數十斤……	詳見第五章桂涵。校勘類
276	109	宣宗屢改諱，最後稱旲寧	旲寧成皇帝，諱旲寧。	均誤。應為：宣宗成皇帝，諱旻寧
277	110	眷懷舊學	……眷懷舊學，用沛恩施，汪廷珍可加太子太保銜，用示朕崇儒重道之意。	
278	110	大清億萬年培養國脈之至計	湯金釧……曰：「康熙中奉有永不加賦之明詔，此……」	應為湯金釗
279	111	世多此類上之人，不可不知	陋規皆出於民，州縣猶未敢公然苛索，恐上知之而治以罪也。今若明定章程，即為例所應得，勢必明目張膽，求多於額例之外，雖有嚴旨，不能禁矣。	評論類
280	111	張格爾	四年秋，張格爾入寇。	
281	114～115	急著	官軍未至五十里，見牛羊蔽野，又探騎數百見軍即反走。我師恐賊誘也，嚴令勿掠亦勿追，距賊十里而止營，	智略類

			夜遣吉林勁騎各五百分探左右間道，繞出賊後……	
282	122	趙金龍作亂	趙金龍作亂湖南……	
283	122	亂本	……民猺雜錯，風氣戆鷙，不與華通，華民欺其愚，敚攘侵侮，官吏輒右奸民以朘猺，積怨生變。	「猺」用反犬旁反映民族歧視問題
284	124	賊偽為夫役	賊偽充夫役，為官兵舁槍械……	
285	133～134	林則徐條陳	湖廣總督林則徐條陳利害，略曰：鴉片煙流入中國，其初不過紈袴子弟習為浮靡……	
286	137	入廣東	則徐又命沿海土民，使防英人上岸，以絕其接濟。英人益窘而侵入之志決矣。火輪戰艦二艘，闖然駛入廣東……	
287	142	或曰擒公主訛傳	女將，英國第三公主云。	確為訛傳
288	142	議和	……命定海欽差伊里布、廣東欽差琦善議和，悉反則徐所為，恐和議不速成也。	
289	142	過激致變	以則徐過激致變褫職，命以四品卿銜赴鎮海至營效力。	
290	145	葛雲飛	總兵葛雲飛駐堯峰嶺……	
291	146	刀劈公面	……方仰登，賊刀劈公面，去其半，血淋漓……	
292	150	陳化成	時總兵陳化成拒守吳淞口……	實為提督
293	150	陳佛	……時棹小舟往來海濱風浪中，或蹈雪按行部曲，傴姁如家人，軍中呼為陳佛。	
294	152	中公，轉復起	英人登岸，礮彈雨下，中公，顛復起，猶手爇巨礮……	
295	153	駕幸熱河	宣宗……駕幸熱河，於是士民瓦解……	史實錯誤
296	156	長髮賊洪秀全起，後擁眾三百萬，擾亂十六省，據金陵為都	廣西逆民洪秀全倡亂於桂平縣之金田邨。	
297	157	賊楊秀成	……楊秀清、韋昌輝、石達開先後入教。	眉批字誤

298	159～160	向榮	……廣西提督向榮馳往剿辨……	詳見第五章向榮
299	160	怖謀遁海	……賊聞半散，秀全怖，謀遁海。	
300	161	林則徐	林文忠公，諱則徐……	詳見第五章林則徐
301	161	賊黨散大半	公故嘗督粵，威惠並著聞……，至是力疾出，……賊黨散大半。	
302	164	林青天	……擢江蘇按察使，決獄平恕，民頌之曰林青天。	
303	166	親社	……凡族姻中子弟讀書者，約期治膳，集而課之，曰親社。	
304	166～167	好勤動	好勤動，與處數十年者，未嘗見其袖手枯坐也。	
305	167	陳化成	陳化成，號蓮峯……	詳見第五章陳化成
306	160	拔劍叱之	參將周世榮請公奔，公拔劍叱之，世榮逸。	
307	168	吳文鎔	吳文鎔，字甄甫……	詳見第五章吳文鎔
308	171	登極求賢	文宗顯皇帝，諱奕詝，登極求賢。	
309	171	廣求直言	詔天下廣求直言。	
310	172	縱火絕懷土之念，是賊狡計	縱火燬盡大黃墟，悉裹其眾，分擾桂平、貴縣等，入象州。	智略類
311	173～174	號太平天國	賊陷永安州，遂僭偽國號為太平天國。	
312	176	江忠源	浙江知縣江忠源督湘勇援全，不得進，乃駐兵下游蓑衣渡……	
313	178	漢陽陷	賊驟至，攻漢陽府，地雷破門……	
314	179	武昌陷	……黎明，地雷忽發，城遂陷……	
315	180	男婦五十万人	洪秀全棄武昌東下，男婦約五十萬人，船約萬數，資糧、軍火、財帛與婦稚盡置舟中，蔽江而下……	
316	181	陷金陵，據為偽都	……造宮室、輿馬、服飾，封諸偽官，僭王者制。	
317	182	江南大營	向榮進至金陵結營，號江南大營。	

318	183	老舟子	有一老舟子言北路無水乏糧，遇困莫解，今據長江之險，舟師萬千，宜踞金陵為都。	
319	184～185	查文京	江蘇臬司查文經	眉批字誤
320	190	用樓船代雲梯	……許道身等密商用樓船以代雲梯，派人探量揚城外運河水勢……	
321	192	堅壁清野之法	上洞知其弊，疊降綸旨，仿嘉慶間堅壁清野之法，或築壘浚濠，或練丁團勇守望相助，協力同心，一隅有警，附鄰畢至，使賊進無所得，退無所歸，不能乘便突軼。自兵興訖盪平，終以此為策首。	
322	192	抽取釐金以助軍需	坐賈則按月收捐為板釐，行商則設卡抽捐為活釐，按獲利之厚薄，約取百中之二三。商賈不致病累，軍餉以充。後各省皆循行之。軍興十餘年，士馬飽騰，釐捐之裨不淺。	制度類
323	195	嵩燾獻議	郭崇燾……獻議曰：「東南各行省，州縣多阻水，江湖一日遇風可數百里，賊舟瞬息可達。官兵率由陸路躡之，其勢常不及。長江數千里之險，遂獨為賊所有。且賊上犯以舟楫，而官兵以營壘禦之，求與一戰而不可得，宜賊勢之日昌也。」	正文名誤
324	195～196	長江水師之始	江臬司大韙之，即日具疏請飭湖南、湖北、四川仿照廣東拖罟船式各造戰艦數十，飭廣東製備砲位，以供戰艦之用，並交曾國藩管帶部署。奉旨允行。長江水師之議自此始。	
325	200	曾國藩刱水師	曾國藩督軍衡州，念賊擾長江，非水師莫能制其死命，遂用江忠源所建三省會勦議，治戰艦於衡、湘。	
326	202	「城」下疑脫「外」字	城賊騎充斥，援師中隔……	校勘類
327	201	江忠源戰死	安徽廬州府城陷，巡撫江忠源死之。	
328	202	四年	四年	紀年類
329	203	吳文裕戰死	吳總督文裕……投水死。	應為吳文鎔

330	207～208	王國才	……窺荊州，雲南遊擊王國才……督親兵數十人挺矛入賊，斬其憝……遣兵擲火彈，燬民房，賊始敗退，重鎮遂安。	
331	209	捻匪	又偽啟王梁成先犯陝甘，後與捻匪合……	實名梁成富
332	212	高橋之捷	羅澤南等直擊高橋賊營，賊奔城陵磯，我兵追剿，逆出隊二萬人拒敵，搭提督策馬直入，湘勇繼之，適大雨如注，東南風大作，乘風奮擊……	「搭」應為「塔」，指塔齊布。詳見第五章羅澤南
333	213	驅婦女出城	金陵賊因乏糧驅婦女出城……	
334	214	復武昌漢陽	曾國藩督水陸大戰，同日克復武昌、漢陽両城。	
335	215	守城之法不守陴而守險	賊守城之法不守陴而守險，其精悍者悉聚城外……	
336	220	捻匪	捻者，揑也。不逞之徒聚揑成隊，肆劫掠，俗謂之捻子。	
337	221	李鴻章	翰林院李編修鴻章，合肥人，有膽識，嫻韜略……	詳見第五章李鴻章
338	223	五年	五年	紀年類
339	226～227	胡林翼上方略	胡巡撫上方略，言荊襄據東南形勝，江漢又荊襄咽喉，漢陽既陷，北岸已形梗塞，武昌失守，南岸又被蔓延，惟急攻武漢，一城獲而兩城必復，乃可內固荊襄而外遏上竄之路。	
340	228	胡林翼首謀	胡巡撫建議曰：「武昌城周二十里，門有九，合圍則兵數不足，攻其一門，則賊可輪環抗拒而外擾糧道，此自困之道。不如先攻漢陽，以重兵拒湨口、蔡店要隘，則竄襄之路絕；濬江隄以水師，為腹背攻之，則漢陽孤而城可破。」	
341	229	涅「忠臣報國」字於臂	塔齊布……為人忠孝，涅「忠臣報國」字於左臂……	詳見第五章塔齊布
342	229～230	羅澤南上書	羅澤南上書陳利害，以為東南大勢……	
343	233	六年	六年	紀年類
344	234	江西八府皆陷	……是時，江西八府五十餘縣皆陷於賊……	

345	235～236	羅澤南戰死	布政使羅澤南攻武昌……	
346	237	兵制一變	迨粵逆亂，楚勇湘勇名天下，營兵反為世詬病，此兵制之一變也。	制度類
347	239	江南大營陷	賊已回金陵，議夾攻以撼我大營……	
348	240	向大臣亡	向榮……一慟而絕。	
349	240	自鐫私印	……嘗自鐫私印曰「勢滅此賊」。	
350	241	邊錢會匪起	江西吉安、建昌等府屬有邊錢會名目……	
351	241	林則徐之女	沈葆楨徒步守陴，妻林氏為前雲貴總督林則徐之女……	
352	242	金陵內亂	……次逆首偽東王楊秀清素以洪秀全為贅疣，至是陰有自立意……	
353	244	克武昌城	胡林翼攻克武昌城……	
354	247	七年	七年，曾國藩丁父憂解任……	紀年類
355	247	易服為賈客	彭玉麟……易服為賈客，跰足千里達大營……	「跰」字右半部誤為「斤」
356	250	小池口之捷	官大臣派臬司李續賓駐小池口，副將鮑超移屯黃梅，阻遏逆衝，分途迎擊，大破之……	
357	251～252	九江之戰	李續賓攻九江，逼城為營……	
358	255	克復小池口	……自小池口之逆滅盡，全楚始一律肅清。	
359	258～259	轉戰一千餘里	李成謀……不出旬日，轉戰一千餘里，克復三縣……	
360	260	八年	八年	紀年類
361	261	英人入天津	……轉入北河，破諸砦，直入天津。	
362	261	克秣陵關	江南軍克秣陵關……	
363	262	和大臣圍金陵	和大臣率張提督國樑，總兵戴文英、周天培，副將李若珠等圍攻金陵。	「李若珠」應為李若琳
364	263	克九江	李續賓、楊載福會克九江。	
365	269	三河鎮之敗	……惟三河鎮為水陸衝途，欲援廬州，非拔三河不可。	
366	269～270	李布政戰死	李續賓……督眾血戰竟日，力竭陣亡。……力戰終日，自度事不可為，夜半怒馬陷陣死之。	

367	270	經六百餘戰	……身經六百餘戰，一時名將，無與倫比。	
368	270	中興名將	布政使中興名將……	
369	270	東征一大蹉跌	三河鎮之敗為東征一大蹉跌。	
370	271	九年	九年	紀年類
371	272	李孟群死之	陳玉成由六安逼犯廬州，前布政使李孟群奮擊死之。	
372	273	左宗棠	駱巡撫與邑紳左京堂、今閩浙總督宗棠等星檄諸郡……	類《攬要》誤
373	275	李續宜寶慶之捷	湖南逆大隊圍寶慶府，楚軍擊敗之。	
374	278	十年	十年	紀年類
375	278～279	□「多隆阿」下脫「鮑超合擊血戰，兼旬不卻步，破之，毀賊壘七十餘，克太湖潛山」廿四字	多隆阿□等縣。	校勘類
376	281	江南大營陷	和大臣上年添募壯勇，增築長壘，意謂克復金陵在指顧，兵將志驕……	
377	282～283	張國樑戰死	張國樑……復上馬血戰，刃賊數人，躍馬入丹陽河而死。	
378	284	曾國藩疏薦左宗棠	曾國藩疏薦左宗棠剛明耐苦，曉暢兵機，請破格錄用。	
379	288	英、佛議和	……和議始成，二國引兵去。	
380	290	十一年	十一年	紀年類
381	297～299	克復安慶	八月初一日，克安慶城。城為金陵唇齒，時陷賊九年矣。……即用道曾國荃領全師圍攻甚急……克此雄都，肅清東南之基立。	
382	302	胡林翼卒	湖北巡撫胡林翼卒於武昌軍。	
383	305	疏舉李鴻章	曾國藩……疏舉李鴻章，率師進援。	
384		□「在」下脫「籍刑部郎潘曾瑋航海入都，謁議政王、軍機大臣，議准與洋兵」廿四字	……在□會勦。	「郎」應為郎中。校勘類

385	307	五星聚奎	八月朔旦，五星聚奎。是月，同治帝登極……	
386	309	同治元年當我文久二年	元年正月，即位改元同治。	前一年八月即位。紀年類
387	311	曾國藩薦李鴻章	曾國藩疏薦福建延邵建道李鴻章才大心小，勁氣內斂，堪當封疆重寄……	
388	311～312	曾國荃、左宗棠、李鴻章三人分任，東南肅清之局定	曾國藩……以圍攻金陵屬之國荃，而以浙事属左宗棠，蘇事属李鴻章，於是東南肅清之局定矣。	
389	312	英法助剿	逆匪窺伺上海，英、法各外國助剿。	
390	312	會防局	各外國自天津講和，紛集上海貿易，極敦和好，立會防局……	
391	313	洋槍隊	……稱洋槍隊，為常勝軍。	
392	318～319	金陵門戶	西梁山古稱天險，逆賊所恃為金陵門戶……	
393	319	生擒石達開	川軍剿滅巨股，生擒逆首石達開處死。	
394	319	石達開獨樹一幟	石達開素蓄大志，假仁義以籠絡其眾，賊爭附之，藉與韋逆分顏，獨樹一幟，幾不可制……	
395	321	擒陳玉成	皖軍克廬州府，勝大臣擒陳玉成。	
396	323	以千古自命	趙景賢……幼有奇氣，以千古自命。	
397	328	攻大營分二十四支	金陵援賊大舉攻大營，分二十四餘支牽制各壘……	
398	330	楊秀清布置最巧	自逆賊占踞金陵，逆酋楊秀清布置最巧，城外如九洑州、七里洲、中關、下關、雨花臺、紫金山、秣陵、江東橋、上方橋等處，類皆筑壘如城，堀濠如江，堅為不可拔之基。	
399	332	圍攻曾國荃大營	……李秀成率蘇、常悍賊二十餘萬人援金陵……	
400	332～333	戰十五晝夜	我軍百道堵禦，賊更休迭進，歷十五晝夜迄未休息。	
401	334	軍與已來之苦戰	……國荃左頰為洋鎗所傷，軍興以來未有如此之苦戰也。	
402	336	川匪藍二順	楚軍於陝西會勦川匪藍二順……	

403	338	二年	二年	紀年類
404	339	鮑妖來矣	鮑超……自涇縣回軍，……賊……乃相顧錯愕曰：「鮑妖來矣！」一鬨而散。	
405	339	搜獲偽文	曾國藩搜獲偽文，內稱偽忠王李秀成調集群賊……	
406	340	擒捻首張落刑	誘獲張落刑，解送僧王大營斬之。	實名張洛行
407	343	搜獲偽文	曾國藩搜獲偽文，有由舒、六而犯英、霍，分道援鄂之語……	
408	345	克雨花臺	曾國荃攻克雨花臺偽城……	
409	349～350	勿令洋人賣給粵匪鎗礮	上諭……著李鴻章於滬上及沿江隘口嚴密搜查……	
410	356	克復蘇州城	二十五日，李鴻章克復蘇州省城……	
411	360	賊智	上諭：李鴻章奏忠逆李秀成自十年春間，疊陷蘇杭各處，盡得東南財賦之區，日益強悍，至去歲賊勢屢挫……該撫據獲賊供稱，該逆踉蹌西走，隨行僅止兩萬餘人，將赴金陵解圍，計不得施，則挾洪逆並其母妻眷屬，由浙皖交界竄走江閩，以尋回粵之路。李鴻章自入蘇城，徧察賊中規畫，守禦頗饒賊智……	智略類
412	363	三年	三年（甲子）	紀年類
413	365	銕桶江山	……李秀成自浦口竄回，鳴鐘鼓，請逆算備作先事計。逆侈然登座，云：『……去留任汝，我銕桶江山，爾不扶助，有人扶助！……』	詳見第五章洪秀全
414	367	多隆阿陣亡	西安將軍多隆阿克盩厔縣，陣亡。	
415	372～373	程學啟陣亡	學啟憤逾浮橋，肉薄登賊，槍子中左腦……傷重，歸蘇州，旋卒。	「賊」應為「城」
416	374	放婦孺出城	金陵城賊自入春以來常放婦孺出城，以為節食之計。	
417	377	激戰	……賊以人塞缺，直炸砲則手足、旗幟、甎石紛激起天際，然旋死旋集，終不退。	
418	381	克金陵	六月十六日，曾國荃攻克金陵。	

419	382～383	攻金陵城	……轟開城垣二十餘丈，煙塵蔽空，磚石如雨……	
420	395	親供四万餘字	李秀成……書親供四萬餘字，歷述……	
421	397	賊智	……偽幼主洪福瑱繞室積薪，為城破自焚之計。	智略類
422	399～400	賊得人心	李逆權術要結，頗得民心……	詳見第六章太平天國
423	404～405	所吸者皆斯民之脂膏	曾國藩前後具疏，略云：……惟念近歲以來，但見增勇，不聞裁撤，無論食何省之餉，……	
424	409	逆黨	逆魁四人：楊秀清……蕭朝貴……馮雲山……韋昌輝……	
425	411	憤激從賊	偽丞相何震川，象州人，為諸生，不獲雋，恃才傲物憤激，故甘從賊。	
426	412	亦籠絡之計	偽職以千萬數，大抵銜虛名，張聲勢耳。	評論類
427	412～413	逆教	嘉慶初，白蓮教起，始湖北長陽，浸淫襄、鄖、巴東諸州縣，四川達州賊應之，由川入陝，而豫而楚……	
428	417	逆兵律	逆出偽示：死不用棺，用則為妖……	制度類
429	417	用兵踵稗官小說	楊秀清在賊中以能事稱，其用兵悉踵稗官小說……	
430	417	多張旂幟	……盛陳儀衛，以迷我軍耳目……	
431	418	堅壁	一遇官兵近逼，或欲久踞之處，則必堅壁以守……	
432	419	以甕埋地	……穴地攻城……善守者以甕埋地，伏而聽之……	
433	420	賊智	逆所過輒焚房舍，絕安土望，故脅從益眾。	智略類
434	421	媒官	……許男女配偶，設偽媒官司其事……	
435	423	十有五年幾徧天下	自道光三十年廣西創亂以來……翳古小丑跳梁，從無如是之日久地廣者。	
436	423	捻賊	捻首李士林、劉疙瘩、劉元吉、任二皮等……	

437	428	僧邸遇害	……僧邸以為賊竄絕地，晝夜進擊。窮寇勾結，鄆北伏莽數萬，四路麕集，僧邸遂遇害，全軍潰沒。	
438	431	李鴻章上疏	李鴻章乃疏陳防勦機宜，略曰：……	
439	431	堅壁清野	今欲制捻之策，非令直、東、豫、皖各省居民堅壁清野……	
440	433	設四鎮重兵	曾國藩……乃定議以四省十三府州之地設四鎮重兵。	
441	439	五年	五年	紀年類
442	442	東捻西捻	賊首張總愚、任柱、賴汶洸分道各犯，遂為東西二股，世號東捻西捻。	實名張宗禹
443	447	六年	六年	紀年類
444	449	圈賊	曾國藩……議於東省之運河東岸，豫省之賈魯河、沙河西岸沿堤興築長牆圈賊。	
445	450～451	兜圍之法	鴻章又疏陳，略曰：自來流賊，最難追剿……故欲滅此賊，計惟有兜圍之一法……	
446	454	主孫傳庭之論	自曾國藩與李鴻章督師剿捻……皆主明孫傳庭之論，謂須驅之於必困之途，取之於垂死之日。	
447	465	拋棄器械，賊智	賊恇怯搶擾，不敢迎拒，拋棄牲畜器械，沿路不絕。	智略類
448	467	東捻平	吳毓蘭生擒偽遵王賴汶洸，東捻平。	
449	467	急智	賊見我軍兜圍無路可竄越，乃縱火焚屋，冀乘之以逸。	智略類
450	467	任柱善戰，賴汶洸善謀	……任柱與粵酋偽遵王賴汶洸等，蹂躪出沒楚疆，突毀運河，猖獗齊地……	
451	469	蒲安臣	敕蒲安臣為一等欽差重臣，遣英、米諸國新添和約……	詳見第六章美國
452	469	七年	七年	紀年類
453	470	有內犯畿輔之勢	賊乘河冰凍合，呼嘯過河……	
454	477	賊智	……竄豫以掣淮軍南下，然後疾捲回犯津沽，冀淮軍不及援，而後可以得志。	智略類

455	480	黃河徒長	黃河伏汛陡長，各督水師礮船由張秋乘漲進口……	眉批「徒」字誤
456	480	賊入絕地	賊慌急遥投玉林鎮鴻福寺，其地在黃河彎曲處，四面皆水坑……	
457	481	水陡長	時運河水陡長一丈五六尺……	
458	487	西捻平	張逆……悲呼涕泣，投水死……西捻蕩平。	此「張逆」指張宗禹，書中寫作「張總愚」
459	491	河神靈異	賊既平，李鴻章奏陳河神靈異，頒御書匾額……	
460	493～494	倡明正學	李鴻章……以弭亂之道以倡明正學為先……	
461	494	仿西洋製造	李鴻章創設銕廠、機器局，一切軍械皆仿西洋製造……	
462	495	曾國藩召對	曾國藩抵京，十四日，趨朝見皇上、兩宮……皇太后於養心殿……	詳見第五章第一節
463	501	劉錦棠陣亡	陝甘提督劉錦棠勦逆回……	誤，應為劉松山。詳見第五章第一節
464	505～506	日本國使副島種臣	日本國使副島種臣等來京師交換和約。	
465	506	赴泰西各國肄習技藝	曾國藩與李鴻章會奏派刑部主事陳蘭彬、江蘇同知容閎選帶聰明子弟赴泰西各國肄習技藝。	
466	506	十一年	十一年	紀年類
467	506～507	年月日據《大事記》	十一年正月，曾國藩病肝風痲木，二十九日，自書日記曰：……	《大事記》指《曾文正公大事記》
468	507	曾國藩薨	二月初四日，端坐而薨……	
469	508	旗繪一紅日	日本國領事官來統通交事務……署前旗繪一紅日。	詳見第六章
470	523	當我明治八年	元年	紀年類
471	525	二年	二年，今上六歲，始讀書。	紀年類
472	527	左宗棠攻克新疆南東四城	……左宗棠……金順跪奏：竊惟官軍會師攻克瑪納斯南城大概情形……	瑪納斯在北疆，左宗棠部克復新疆南路東四城在光緒三年

473	537	通中國西洋文字者分遣英、法二國	選熟通中西文字者二十餘人，分遣英、法二國留學大書院。	
474	539	何如璋赴日本	簡派駐紮日本欽差大臣何如璋、副使張斯桂赴日本呈國書曰：……	詳見第六章
475	540	「朕」下脫「知」字	「朕何如璋等和平通達……」	校勘類
476	540	討臺灣生蕃	遣兵部侍郎丁日昌赴臺灣討生蕃……	
477	542	四年	四年	紀年類
478	542	當我明治十一年	四年	紀年類
479	543	左宗棠攻克新疆南路西四城	左宗棠克復南路西四城，回疆一律肅清。	左宗棠部克復新疆南路西四城在光緒三年
480	546	曾國荃建白	曾國荃奏：竊聞古者救荒於臨時，而實備荒於平日……	
481	546	禁種罌粟	……而欲為晋省久遠之計，非申明栽種罌粟舊禁不可。	
482	547	張佩綸建白	翰林侍講張佩綸奏：近者晋豫奇灾，飢民死者百數十萬……	
483	549～550	寶廷奏直諫	國子司業、宗室寶廷奏應詔諫言：今百事廢弛，弊不勝指……	
484	555	黃體芳上書	詹事府左庶子臣黃體芳跪奏：為災深患迫，宜急籌拯民應天之方……	
485	557	停燒鍋	一曰停燒鍋。通計順、直各屬此項一年耗粮五六百萬石……	前文「救急之道，一曰借洋款」未有眉批
486	558	招商運	一曰招商運。灾區既苦無銀，尤苦無米，官運繁重而難繼，商運通變而無窮……	
487	559	資流亡	一曰資流亡。竊惟因時制宜，不可膠柱……無雨無食歸則死耳，何耕之有？	
488	559～560	廣聰明	一曰廣聰明。從來人主未有不願治者也，然不能別群臣之賢否，悉民生之利病，聞朝政之得失，則勞而無功。	

489	563	斥奸邪	一曰斥奸邪。昔魯僖公時亢旱……	
490	563	董恂奸邪	今朝臣中之奸邪，如戶部尚書董恂……	
491	564	清冤獄	一曰清冤獄。嘗聞齊婦含冤，三年不雨……	
492	565	課臣職	一曰課臣職。近來內外臣工，曠怠廢弛……	
493	566	「日」疑「月」誤	《邸報》中大員請假續假者，無日無之，甚且一日數起……	校勘類
494	566	崇節儉	一曰崇節儉。昨已有旨令內務府核減宮闈用費矣，此誠救災之首務也。	
495	567	內廷儉，外廷化之	內廷儉則外廷化之，士家儉則小民化之，不特救一時之災，並可祛積貧之患矣。	
496	567	清倉儲	預防之道，一曰清倉儲。倉斃之深，由來已久，所謂粳米二百五十萬石者，紙上之數耳……	
497	567～568	分粥廠	一曰分粥廠。京城流民日多，皆因天津、保定粥廠撤後，相率而北，以後人數愈眾，安插愈難……	
498	568	安畿輔	一曰安畿輔。直隸旱災甚重，大荒者約有二十州縣，不止河間一府。餓莩逃亡，賣產毀室，目前紛紛來京者，皆直隸流民也……	
499	569	文苑	侯方域，字朝宗……	詳見第五章侯方域
500	570	一夕補稿	嘗遊吳下，將刻集，集中文未脫稿者一夕補綴立就，人益奇之。	
501	570	名儒	孫夏峰，諱奇逢，字啟泰……	詳見第五章孫奇逢
502	571	十一徵不起	……自有明及本朝前後十一徵不起。	
503	573	名儒	黃梨洲先生宗羲，字太沖。	詳見第五章黃宗羲
504	574	《明儒學案》	所著《明儒學案》六十二卷，三百年儒林之藪也。	
505	575～576	《宋元儒學案》	又輯《宋元儒學案》，以志七百年儒苑門戶。	

506	579	荊扉反鎖	……荊扉反鎖，不復與人接，惟顧寧人至則款之。	詳見第五章李顒
507	579	名儒	顧亭林，初名絳，字寧人……	詳見第五章顧炎武
508	579	遺命勿事二姓	母夫人聞兩京皆破，遂不食卒，遺命誡先生勿事二姓。	
509	581	定居華陰	丁巳，六謁思陵，始卜居陝之華陰。	
510	582	默誦諸經註疏	或經行平原大野，無足措意，則馬上默誦諸經註疏……	
511	583～584	經學	毛奇齡，字大可……	詳見第五章毛奇齡
512	584	古本《大學》	……高笠僧貽書一帙，則古本《大學》也。	
513	587	《麥秀歌》	吾少讀箕子《麥秀歌》，惡其無韻……	
514	588	長於辨駁	先生少負奇才，說經長於辨駁。	
515	588	陳書滿前	先生每作詩文，必陳書滿前，及伸紙疾書，或良不用一字。	
516	588	獺祭乃成	「公等以毛大可為博學乎？渠作七言八句，亦必獺祭乃成。」	
517	589	我用我法	詩次於文，要亦我用我法，不屑隨人步趨者。	
518	589	經學、文苑	朱竹坨，名彝尊，字錫鬯……	有誤字，詳見第五章朱彝尊
519	589	凡天下有字之書無弗披覽	肆力於古學，凡天下有字之書無弗批覽。	
520	590	藏書八萬卷	家居十九年，藏書八萬卷。	
521	590	自隨十三經、廿一史	客遊南北，必橐載十三經、廿一史自隨。	
522	590	《經義者》三百卷詔增修	《經義考》三百卷，乾隆中詔儒臣增輯。	眉批書名誤
523	591	文苑	魏禧，字水叔，號祐齋……	詳見第五章魏禧
524	592～593	義山詩未讀耶？	……點竄《堯典》《舜典》語，受卷官疑所出，先生曰：「義山詩未讀耶？」受卷官怒，竟擯之。	詳見第五章姜宸英

525	594	三風太守	吳園次……出守湖州，稱三風太守，謂多風力，尚風節，饒風雅也。	詳見第五章吳綺
526	594	以花木竹石為潤筆	……購廢圃以居，凡索詩文者多以花木竹石為潤筆資……	詳見第五章陳維崧
527	595	煙波釣徒查翰林	先生詩有云：『笠簷蓑袂平生夢，臣本烟波一釣徒。』詞意稱旨。忽內侍宣召煙波釣徒查翰林……	詳見第五章查慎行
528	596～597	市井負販皆重之	詩文集，上自公卿，下至市井負販皆重之……	詳見第五章袁枚
529	597	判事作歌曲	市人以所判事作歌曲刻行四方。	
530	598	客云樂散禪定夜坐	……然至客去樂散，默然禪定夜坐……	眉批字誤。詳見第五章王文治
531	599	隣屋	張船山……顏所居曰樂天天隨隣屋……	詳見第五章張問陶
532	599	又闢一境	其詩生氣湧出，沈欝空靈，於從前諸名家外又闢一境。	
533	600	變異書法	先生慮其以嫌擯也，乃變易書法，作歐陽率更體。	詳見第五章趙翼
534	606	莊誦《孝經》	朱柏廬……晨起謁家廟，退即莊誦《孝經》。	詳見第五章朱用純
535	608	半日靜坐、半日讀書	汪星溪……遵朱子半日靜坐、半日讀書法。	詳見第五章汪佑
536	609	失明著書	……病失明，乃益勵於學，耳聞而口誦之，所詣日深。著有《學思祿》。	「祿」應為「錄」。詳見第五章王端
537	608～609	獨行獨勉	十六有志於聖道，獨行獨勉。	
538	609	名儒	張烈，字武承……	詳見第五章張烈
539	609	陳定齋	同時有陳先生，字定齋……	詳見第五章陳法
540	609	陸王學	論象山……王陽明……	
541	612～613	鋟板者削之	李剛主……取不滿程朱語載經說中已鋟板者削之過半……	詳見第五章李塨
542	613	走三千里受業	後聞毛西河檢討精於樂律，即束裝走三千里往受業。	

543	613	左氏、昌黎外無北面者	崑繩……於文章自謂左史、昌黎外無北面者。	左氏、左史均通順。詳見第五章王源
544	614	四齡成誦四子書	李簡菴……甫四齡，成誦四子書。	詳見第五章李圖南
545	614	納《易》以殮	……卒時自以未竟其業，命子納《易》於懷以殮。	
546	615	任故國之史事	……以遺民自居，而即任故國之史事以報故國。	詳見第五章萬斯同
547	617	野有遺賢乎？	四十二年，聖祖問野寧有遺賢乎？文貞以何焯對……	詳見第五章何焯
548	619	多冒其蹟	估人多冒其蹟求售，於是何氏偽書頗雜出。	
549	619	背誦《通鑑》	門人陳景雲能背誦《通鑑》。	
550	619～620	闇誦	惠天牧……博通六藝，九經經文、《國語》《戰國策》《楚詞》《史記》《漢書》《三國志》皆能闇誦……	詳見第五章惠士奇
551	621	實食、視食	實食者，日月在天相揜之實度。視食者，人在地所見之初虧、食甚、復圓也。	
552	621	佐田介石同說	同上	評論類
553	621	每日二十冊	……在翰林與李紱共借《永樂大典》讀之，每日各盡二十冊。	詳見第五章全祖望
554	623～624	蓑笠見志	……獨侍二親，額其堂曰逸野，旁闢一室，懸蓑笠以見志。	詳見第五章王鳴韶
555	628	二十四讀書	孫豹人……年二十有四，散家財起義不果，隻身走江都，折節讀書，遂以詩文名天下。	詳見第五章孫枝蔚
556	630	本朝兩大文章	葉忠節公映榴《絕命疏》及先生《陳情表》，皆令讀者油然生忠孝之心。	詳見第五章李因篤
557	630	拔劍斫之	李天生……與毛大可論古韻不合……遂拔劍斫之。	
558	633	著書之多	陳東甫……《新舊唐書合抄》二百六十卷，折衷其異同。又撰《九經辨字瀆蒙》十二卷，以正九經文字。又有《讀史四譜》及《唐詩金粉》等書，《增默齋集》。	詳見第五章沈炳震
559	635	四庫書目頗詆宋儒	紀文達撰四庫書目錄，頗詆宋儒，先生直斥其妄。	詳見第五章姚鼐

560	635	得力於韓非、李斯	惲子居……治古文，得力於韓非、李斯。	詳見第五章惲敬
561	635	子長以下無北面	先生自言：「吾文皆自司馬子長出，子長以下無北面。」	
562	638	吾讓子為一人	武進惲壽平少寫山水，見先生画，歎曰：「吾讓子為一人矣！」	詳見第五章王翬
563	640	終身為憾	劉念臺講道蕺山，張受先嘗約往受學，先生即赴，受先不果，終身以為憾。	詳見第五章陸世儀

二、眉批的分類

《清朝史略》的眉批可以分為多個類別，筆者在上表中標記了較為典型的4類，其中包括校勘類21例、制度類9例、智略類15例、評論類16例，以下對後三類加以解說：

（一）制度類

下面僅舉兩例說明，其餘表中文字已較為詳細。另外，軍機處相關制度及流變詳見第五章張廷玉、汪由敦人物形象。

1. 清軍兵制

《太祖紀》末眉批「兵制」，其正文為：「國朝兵制，太祖天命元年前二載（明萬曆四十二年）始立八旗。每三百人編一佐領（猶守備）；五佐領設一參領（猶參將、遊擊），領千五百人；五參領設一都統（猶總兵官），領七千五百人，每都統設左、右副都統（猶副將）。八都統是為八旗，六萬人，然猶合滿洲、蒙古、漢軍為一也。其時滿洲佐領二百有八，蒙古佐領七十有六，漢軍佐領十有六，共四百佐領，編壯丁百有五十。」其史源或為魏源《武事餘記》，當作「滿洲佐領三百有八」方合其數，「每佐領編壯丁百有五十」方合其意。

「及後歸附日眾，生齒日增，於是天聰九年，又分蒙古為八旗，兵一萬六千八百四十。崇德七年，又分漢軍為八旗，兵二萬四千五百，凡孔、耿、尚三王之天祐兵、天助兵各八旗。」孔有德、耿仲明之兵稱天祐兵，尚可喜之兵稱天助兵。「各八旗」，魏源《武事餘記》作「凡孔、耿、尚三王之天祐兵、天助兵，皆歸入漢軍」〔註1〕學界研究認為不盡合事實。〔註2〕

〔註1〕魏源《聖武記》卷十一，見《魏源全集》第三冊，嶽麓書社2004年版，第487頁。
〔註2〕參見謝景芳《「三王」、續順公所部「隸旗」考辨》，《北方論叢》1996年第6期。

「從龍入關，留內大臣何洛輝防守盛京。其後遂以存京師為禁旅，而分鎮各省為駐防，定兵額約二十萬。佐領丁壯雖增，兵額不增。禁旅不隸都統者，備折衝，曰前鋒（每佐領二人，共二千七百七十人）；司宿衛，曰親軍（額數同前）；扈警蹕，曰護軍（每佐領下十七人）；習遠攻，曰火器（每佐領下六人）。皆別隸于總統。此四營者，漢軍不得與。此皆八旗禁旅之制也。通計京師之兵，十萬有奇，而餘丁二萬七千四百不與焉。若夫駐防之兵，無論騎步，皆合滿洲、蒙古、漢軍以為營，丁壯隨時編入，不編佐領。通計禁旅駐防，兵二十萬有奇，而居京師者半之。綠營有馬兵、有守兵、有戰兵，共綠營六十六萬一千六百五十有六（蓋鎮兵之類）。」「何洛輝」通常寫作何洛會。

2. 太平軍相關制度

書中述太平軍相關制度及情況可舉連續的三個眉批為例：「逆兵律」「用兵踵稗官小說」「多張旂幟」，其內容為「〇逆出偽示：『死不用棺，用則為妖；香火不設，設則為邪。死為昇天享受天堂極樂，為莫大喜事，不許哭。』其傳教然也。〇楊秀清在賊中以能事稱，其用兵悉踵稗官小說，以或人為本。軍中誦經讚美畢，必齊呼曰：『殺盡妖魔！』和聲如雷，以顯其眾。復多張旂幟，盛陳儀衛，以迷我軍耳目，是以人多畏懼，久乃漸諗其詐。賊眾接仗之時，在後之賊，乘槍砲煙迷之時，各脫紅黃短衣，向空拋擲，兵勇遙見，誤以為能飛也。」〔註3〕

其後述太平軍軍制及陣法則並未眉批，正文為：「〇其軍制，每軍一萬二千五百人，以軍帥統之。其行陣也，有牽線、螃蟹、百鳥、伏地四名。牽線者，自偽兩司馬以至偽軍帥，一線單行也；螃蟹者，三隊平列，中以拒敵，左右包抄也；百鳥者，以二十五人為一小隊，分百數十起，散布如撒星，使我軍無所著手也；伏地者，用避槍砲及遇險作疑兵者也。」〔註4〕所述太平軍四種陣法的史源或為《平定粵匪紀略》。

（二）智略類

上表的眉批中有15個歸入此類，其中3個屬於「戰略」，其餘12個「智謀」可分為以下兩種：

〔註3〕殷夢霞、李強選編《外國人著清史八種》，第四冊，第417頁。
〔註4〕殷夢霞、李強選編《外國人著清史八種》，第四冊，第417～418頁。

1.「急智」和「急著」

眉批中有兩個「急智」，一述孫嘉淦，詳見第五章；一述捻軍。另有兩個「急著」，一述噶爾丹，一述張格爾。

2.「賊智」

眉批中共有八個「賊智」，一述噶爾丹策零，一述阿睦爾撒納，一述緬軍，三述太平軍，兩述捻軍。

（三）評論類

上表的眉批中共有 16 個歸入此類，其中半數屬於以下四種：

1. 同意書中觀點：「亦有是理」「亦有此理」

眉批中共有兩個「亦有是理」，所述均為胤禛。另有一個「亦有此理，不可不知」，所述為戴敦元，詳見第五章。

從這些眉批的語氣分析，寫眉批者當非作者佐藤楚材本人，而是各卷的校勘者——其子佐藤雲韶及各位門人。

2. 反對書中觀點

關於吳三桂稱帝的原因，書中所述與《清史攬要》類似：「時三桂年六十有七矣，失陝西、閔〔註 5〕、粵三大援，至是又失江西，大兵雲集湘湖間，疆宇日蹙。且軍興調發，財用耗竭，川湖賦稅，不足供兵餉，恐四方見輕，情竭勢絀，乃思竊帝號自娛，其下亦爭勸進……」。其上眉批為：「僭號賊智，非自娛。」〔註 6〕這對作者觀點表現出鮮明的反對態度。

3. 對書中記述表示驚詫

對於玄燁責打徐元夢之事（詳見第五章徐元夢人物形象），眉批為：「聖祖亦有此等事！」〔註 7〕可見校勘者讀前對此事並不知曉，讀後受到了很大震撼。

4. 對書中內容進行中日比較

書中述對緬戰爭清軍後撤，「每日先以一軍拒敵，即以一軍退至數里外成列，待軍至，則成列者復迎敵」。眉批：「我邦所謂繰退。」〔註 8〕「我邦」指日本。

〔註 5〕應為「閩」。
〔註 6〕殷夢霞、李強選編《外國人著清史八種》，第三冊，第 257～258 頁。
〔註 7〕殷夢霞、李強選編《外國人著清史八種》，第三冊，第 377 頁。
〔註 8〕殷夢霞、李強選編《外國人著清史八種》，第三冊，第 556 頁。

關於川楚陝白蓮教起事，書中嘉慶七年記事中稱：「此時三省腹地雖靖，山林邊界尚藪逋逃。詔大病雖愈，瘡痍未復，經略、參贊，其毋遽來京。而諸帥亦鑒于明季李自成為陝兵剿敗，僅餘十八騎，亡命山中逾年，復糾眾出山大猖獗。是一賊不盡，皆足滋蔓。」眉批：「本朝足利尊氏亦是。」〔註9〕足利尊氏（1305～1358），日本鎌倉幕府末期至南北朝時代人，室町幕府第一代征夷大將軍。後醍醐天皇建武三年（1336）初，足利尊氏率領的叛軍進攻京都失敗，二月撤至九州，五月捲土重來，與其弟直義先後擊敗楠木正成和新田義貞，取得湊川之戰的勝利。尊氏乘勢攻克京都，立光明天皇，建室町幕府。批註者認為他的事蹟與李自成有相似之處。

該書清代學者惠士奇（1671～1741）的傳中記其「著《交食舉隅》二卷，曰：『日月有平行，有實行，有視行，日月之食亦有實食，有視食。實食者，日月在天相揜之實度。視食者，人在地所見之初虧、食甚、復圓也。』眉批：「佐田介石同說。」佐田介石（1812～1882），日本僧侶，著有《視實等象儀詳說》《天動等象記》等，其學說與惠士奇有相似之處。

第二節 《清朝史略》的註釋及按語

據筆者統計，《清朝史略》中共有205個註釋，其中僅有一處為按語，見下表第70行。

一、註釋的內容

見下表：

《清朝史略》註釋一覽表

序號	頁碼	正　文	註　釋	備　註
1	59	長白山	山高二百里，鴨綠、混同、愛滹三江出焉。	
2	59	赫圖阿拉	魏源曰蓋當遼金末造〇後名興京，西距盛京二百七十里，東距寧古塔千二百里，清國未得遼瀋已前，肇、興、景、顯四祖咸宅于此，即明代建州右衛也。	

〔註9〕殷夢霞、李強選編《外國人著清史八種》，第四冊，第30頁。

3	60	寧古塔	寧古塔西行百里曰沙嶺……〇國初寧古塔極寒……	詳見下文
4	61	渥集	亦作窩集。	
5	61	烏拉	惟烏拉在吉林，當滿洲之東北。烏拉《實錄》作吳喇。	
6	63	征哲陳部	《實錄》是役敵以兵八百敗于四人。	
7	64	葉赫、烏拉、哈達、輝發	扈倫四部	
8	64	科爾沁、錫伯、起勒察	蒙古三部	應為卦勒察
9	64	珠舍里、訥殷	長白山二部	
10	64	堂子	滿洲祭天、祭神、祭佛之公所……	
11	70	額真	官名，猶言長。	
12	73	界藩	《實錄》作界凡。	
13	77～78	……是皆我國伐明已前，為兼並立國之始。於是語言相同之國盡為我有，疆域西至遼，南至朝鮮，東至海，北至黑龍江。	十月，蒙古察哈爾林丹汗遺書不敬，貝勒諸臣大怒，欲斬其使者。太祖曰：「爾等怒之是也，吾亦未嘗不怒，但與使者無與焉，遣使者者之罪耳。」	
14	83	十一年	明天啟五年	天命十一年
15	84	孝慈皇后	太宗母	
16	85	太祖崩	科爾土謝圖汗遣使來弔曰：……	應為科爾沁土謝圖汗
17	88	新滿洲	世祖入關都燕也，命內大臣河洛會統八旗兩翼兵留守盛京……	應為何洛會
18	88	天命元年前二載	明萬曆四十二年	
19	88	佐領	猶守備。	
20	88	參領	猶參將、遊擊。	
21	88	都統	猶總兵官。	
22	88	副都統	猶副將。	
23	89	前鋒	每佐領二人，共二千七百七十人。	
24	89	親軍	額數同前。	
25	89	護軍	每佐領下十七人。	

26	89	火器	每佐領下六人。	
27	90	綠營	蓋鎮兵之類。	
28	91	貝勒	貝勒，管理眾事之稱。	
29	91	皇太極	時國中文士謂：國中原不知漢與蒙古書籍文義，及太祖稱帝，閱漢與蒙古書籍……	
30	92	朝鮮	朝鮮，禹貢青州逾海之地……	詳見下文
31	97	朝鮮凱旋	太宗出迎，次武靖營，設行幄于一里外以待。	
32	99	大海榜式	榜式，文人之稱。	大海後來寫作達海
33	102	分軍截錦州之援	明監軍張春等率兵四萬來援，大兵直衝殲之，生擒張春等三十三員。上引見時，獨張春不跪，賜珍饌不食，至三日始食，不肯剃頭，後令居三官廟。	
34	104	大壽遂降	時城內糧盡，漸次餓死，眾官與祖大壽謀歸降，獨副將何可剛顏色不變，不出一言，含笑而死。	應為何可綱
35	106	六部	吏部、戶部、禮部、兵部、刑部、工部。	
36	107	定喪祭焚衣殉葬例	死喪焚衣有定數，額真已上，焚冬衣三襲、春秋衣三襲，庶人冬夏春秋衣各一襲，婦人有欲殉者，止許相得之妻，不相得之妻及媵妾俱不許殉。	
37	108	剌麻	剌麻，華言班禪僧也。或曰非僧非俗。	註釋為日本視角
38	108	蒙古察哈爾國	蒙古諸遊牧國之大名也。察哈爾即元裔揷漢部。	
39	110	禾稼已盡	蓋謂踐傷。	
40	110	墨爾根	人名	
41	114	朝鮮國王遣人持報書	其一書略曰：國運不幸，忽遇丁卯年之變……	指天聰元年侵朝之役
42	115	追加功臣……配食太祖	先是立太廟于盛京，前殿奉安太祖太后神位，後殿奉安列祖神位。	
43	115	孔有德	恭順王	

44	115	耿仲明	懷順王	
45	115	尚可喜	智順王	
46	115	封諸兄弟子姪為王貝勒	先是定宗室名號，太祖庶子稱阿格，六世子孫稱覺羅，俱繫紅帶，他人不許。	
47	115	多羅郡王、多羅貝勒	兩多羅皇族	
48	116	內弘文院大學士	掌歷朝事蹟，進講御前，侍講太子，並教諸子。	
49	116	內秘書院大學士	掌與外國往來書札等。	
50	116	內國史院大學士	掌編纂史書。	
51	118	江	漢江，一名熊津江，其國都恃以為險，餉運皆萃于此。	
52	120	樹碑頌德于三田渡壇下太宗駐蹕處	銘曰：天降霜露，載肅載育。惟帝則之，並布威德。皇帝東征，十萬其師……萬載三韓，皇帝之休。	
53	122	明年	明崇禎十三年	
54	123	太宗震怒詰責	降多爾袞為郡王，罰銀一萬兩，其餘罰有差。	詳見第五章多爾袞
55	124	糧餉輜重由杏山輸松山，再由松山輸錦州	松山，錦州城南十八里；杏山，錦州城西南四十里。	
56	124	塔山外之筆架岡	塔山，錦州城西南六十里。	
57	126	七年	崇禎十五年	
58	129	自萬歷後，歲徵遼餉六百六十萬。崇禎中復加剿餉二百八十萬，練餉七百三十萬。	明季遼左用兵加賦五百二十万，崇禎二年又增賦二百八十万，下詔：「不集兵無以平賊，不增賦無以餉兵，其累吾民一年。」當時謂之剿餉。剿餉一年而止，十三年餉盡而賊未平，於是剿餉之外，又增練餉。蔣德璟曰：「今兵馬仍未練，徒為民累耳。」	《廿二史札記》作「剿餉期一年而止，十二年餉盡而賊未平」。 蔣德璟，明末大學士。
59	133	成親王、肅親王有罪，降為多羅貝勒。	成親王善書，有法帖，酷肖松雪。	正文中成親王為岳託，註釋中成親王為永瑆。作者誤。 趙孟頫號松雪。

60	133	莽古爾泰、德格類	二人太宗兄弟，中暴疾死，後謀叛發覺，籍家得印，曰金國皇帝之印。	
61	141	燕京已陷	三月十九日，崇禎帝自縊于萬歲山海棠樹下。先是，宴坐便殿，鼓翔鳳之琴，中曲而七絃俱絕，龍顏不怡良久。未逾月而有變。	
62	141	家口被掠	是時，三桂妻張氏，子應熊均未死，或與妾圓圓同為劉宗敏所虜。陳碧城詩曰： 全家白骨劫灰寒， 僥倖娥眉匹馬還。 妬婦騃兒並珍惜， 衝冠未必為紅顏。	陳文述，號碧城
63	146	大學士馮銓等上言樂章，從之。	略曰：郊廟及社稷樂章，前代各取佳名，以明一代之制，除漢魏曲名各別不可枚舉外，梁用雅，北齊及隋用夏，唐用和，宋用安，金用寧，元宗廟用寧，郊社用成，明朝用和，本朝削平寇亂，以有天下，擬改用平字。郊祀九奏，迎神奏始平，奠玉帛奏景平，進俎奏咸平，初獻奏壽平，亞獻奏嘉平，終獻奏雍平，撤饌奏熙平，送神奏太平。	
64	147	定諸王已下俸祿。	攝政王銀三萬兩，輔政王一萬五千兩，親王一萬兩，郡王五千兩，貝勒二千五百兩，貝子一千二百五十兩，鎮國公、輔國公俱六百二十五兩。	
65	151	左良玉	良玉舉兵內向，討馬士英，以清君側為名。	
66	157	明禮部侍郎錢謙益，仍以原官管內翰林院學士事。	明年病免里居，以明史自任，一旦燼于火，乃歸心仏乘自遣。及其死，諸惡少詬誶責逋，姬柳如是中夜刺血書詔牘……所著文字，乾隆中焚毀。	「詔」應為「訟」。詳見第五章
67	159	張光璧、黃朝選、劉承胤、曹志建、董英	五人騰蛟舊部。	「張光璧」應為張先璧
68	159	馬進忠、王允成	二人良玉部將。	

69	160	李錦、郝永忠、袁宗第、王進才、馬士秀、盧鼎	六人皆闖部將。	
70	160	所謂十三鎮也	按：闖部亦有十三家營，與此各別。又按：騰蛟兵餉皆在其掌握，宜精簡驍銳，百中抽一，三十萬眾可簡三千人，以為督標，如唐蕃鎮牙兵。騰蛟與式耜之敗，皆以無爪牙親兵也。	全書唯一一處按語
71	163	桂王走桂林	桂王，神宗第七子桂王常瀛之子，與福王同為崇禎帝從兄弟，曾封為永明王。明末自福王失國後，諸僭號者多係疏屬，魯王以海則大祖子魯王檀之裔孫也，唐王聿鍵亦太祖子定王桱之裔孫也。	「大祖」應為太祖
72	164	瞿式耜陳桂林形勢，固留不聽，自請留守與城存亡。	初在肇慶時，聞廣州破，式耜即請守峽口，毋遷徙，而桂王聽大監王坤言，不從。	「大監」應為太監
73	164	武岡	山名，在湖廣黔中地。	
74	168	初，(金)聲桓叛時，惟贛州不從亂。聲桓、王得仁已陷九江，乃攻贛，三月不下。	王得仁，髮五色，俱呼為王雜毛，善戰，初隸左良玉麾下。	
75	171	十二月，詔鄭親王回京。	是月，攝政王多爾袞薨，年三十九，追尊為敬義皇帝，廟號成宗。	
76	171～172	先是，張名振迎魯王復入浙，居舟山，成功遣使朝永曆于湖南，受封延平郡公，于是浙師盡並于張名振，閩師盡並于鄭成功，東南海寇皆聽其號令。	此係五年事。	順治
77	175	孫可望、李定國、劉文秀、艾能奇	四人皆偽將軍。	
78	175	白文選、馮雙禮	皆偽都督。	
79	176	川西、川東、川南復陷	三桂與文秀戰于敘州，不利，被圍數重，力戰突圍，走綿州。文秀乘勝犯成都，圍三桂于保寧，聯營十	「十五軍」應為「十五里」；「張光壁」應

			五軍，使張光壁軍其西，王俊臣軍其南，氣驕甚。三桂巡城見其壁不整，出精騎突光壁軍，果驚潰，入復臣營，營為亂兵所擾，亦不支。文秀解圍去，三桂不追，斂軍保寧，旋回漢中。三桂即退，文秀不敢追，曰：「平生未見如此惡賊，特差一著耳。令如復臣言，吾軍休矣！」初，文秀乘勝長驅，時復臣諫曰：「三桂勁敵，我軍驕矣，以驕軍當勁敵，懼敗。請圍城以分兵勢，但嚴陳城外，而出奇兵斷其餉道。」文秀不聽，遂敗，復臣戰死。	為張先璧；「王俊臣」應為王復臣。
80	178	諸軍皆呼晉王	（李）定國封晉王。	
81	180	（孫）可望降	十四年十二月	順治
82	180	諸寇內訌	可望與李定國不協。	
83	184	成功亦旋卒于臺灣	康熙二年	實在元年。詳見第五章鄭成功
84	185	三桂貪擅兵權，必欲俘永歷為功，四月有《渠魁不剪，三患二難》之疏。	略曰：李定國、白文選窺我邊防，兵到則彼退藏，兵撤則彼擾，此其患在門戶；土司反覆……	實為永曆，避弘曆諱。詳見第五章吳三桂
85	188	監察御史匡蘭兆言朝祭宜復用袞冕……	太歲、城隍、孔子、關聖致祭，遣滿官，用滿禮，祝詞用滿語。	
86	189	世祖曰：大庫之銀，已為睿王用盡……	睿王謀不軌，死後發覺。	
87	219	魏象樞	時公為左都御史。	
88	229	順治十一年三月戊申	十八日	玄燁生日
89	230	朱由榔	故明永曆	
90	230	蜀寇	石泉王	
91	231	八月考試，停止八股文，用策論表判。	後年復用八股文。	
92	232	朱成功	芝龍已降，成功攜所著儒巾襴衫赴聖廟焚之，與所善陳暉、張進、施琅等願從者九十餘人，乘二巨艦去，收兵南澳，得數千人入海。唐王賜姓朱。	

93	234	鄭經	經又作錦，殆二名也。	
94	236	水西土司	滇在雲南之北，貴州之西。水西苗地在滇西北。土司，令土酋司其地之名。《漢書》所謂西南夷君長者，是也。在宋為羈縻州，在元為宣慰、宣撫、招討、安撫長官等。土司，其受地遠自周漢，近自唐宋，而元明賞功授地之土府土州縣亦錯出其間。	
95	244	是夏	十二年	康熙
96	244	尚可喜	可喜始終無二志，叛者四起，可喜獨一心王室。	
97	246	有郎中黨務禮、薩穆哈在黔督理移藩舟馬，疾馳十二日至闕告變，舉朝震動。	初，魏裔介上疏請罷吳三桂居滇，極陳滇黔蜀粵邊地，一旦有變，鞭長莫及，荊襄天下腹心，請滿兵駐防，無事以消奸宄窺伺之心，有事以扼四方水陸之要。至是果叛，眾以為先事之明。	「扼」或為「扼」
98	247	福建耿精忠聞之，亦同時反。	時編修李光地家居，蠟丸告變，且請大兵由汀州間道入閩。	
99	257	是歲福建大軍逐回鄭經廈門，盡復漳泉諸府，福建略定。	初，逆藩之變也，國初宿將已盡，惟安親王、傅貝子曾從肅、鄭二王剿流賊于川楚，習戰陳，故兩軍立功浙閩。人尤德傅貝子之紀律。卒後鄭經復陷沿海諸郡，乃巡撫吳興祚、水師提督萬正色等分領綠旗兵，共王、貝子軍，且剿且撫，事更棘於耿藩。及二十年康親王、拉貝子始率禁旅還京師。	安親王為岳樂，傅貝子指寧海將軍、貝子傅喇塔。康親王為杰書，其於康熙十九年還京。「拉貝子」當指繼任寧海將軍的都統拉哈達，其並非貝子，於二十一年還京。另有平南將軍、貝子賴塔，授平南大將軍赴滇，亦於二十一年還京，當非所指。
100	265	明年	二十年	康熙
101	289	厄魯特	噶爾丹本國。	
102	289	成吉思汗	元太祖，國人稱之曰成吉思汗。	
103	290	第巴	第巴，與達賴分主二藏者。	

104	290	達賴	藏主。	
105	291	是年	廿七年	康熙
106	292	烏爾會河	下流入鄂羅斯境，在喀爾喀東部車臣汗境內。	
107	293	烏珠穆秦	烏珠穆秦在盛京西界，距古北口九百餘里。	今寫作烏珠穆沁
108	300	克魯倫河	河在喀部東，其水流入黑龍江。	
109	302	大軍至河，則北岸已無一帳。	魯倫河橫亙瀚海二千里，乃內外蒙古之界也。	應為克魯倫河
110	305	伊梨	噶爾丹本國。	今作伊犁，下同
111	305	翁金河有我餘糧	在杭愛山之西，留儲以待回軍者也，焚棄而歸。	
112	308	聖祖諭云：「朕西巡時，曾以戰地詢之宿將，皆言自古戰陣之事，皆于舊戰地交戰，從無戰于不可戰之地者。明成祖出塞時，亦嘗戰昭莫多。是知行軍立營必視水草，攻戰必視地利。若無水草之地，安可立營？」	大將軍費揚古奏捷朔漠，惟言兵至其處迷失道，宛轉山中數日，又于某處絕糧數日，又于某處始遇賊，初戰不利，幾致挫衄，仰賴國家威福，天幸成功，實出意外。或問其故，曰：「廟堂不知塞外行軍之苦，必且易視兵事，生好大喜功之心。豈知兵凶戰危若此？將士勞苦如此？」	
113	310	是役，宣諭青海諸台吉入覲，綏服青海厄魯特全部，自後青海始為近藩。	青海，漢時鮮水青羌，唐以前為吐谷渾，後並入吐蕃。其水周七百餘里，群山繞之，瀦不流。中有一島，不通舟楫，惟冰合可通。即弱水也。環海居者皆番族，統稱曰厄魯特蒙古，為厄魯特之一也。其地西回疆，南衛藏，北玉關，袤延二千餘里，在西寧府西三百餘里，古西海郡也。	
114	311	漠北蒙古	科爾沁亦是。	
115	312	木蘭者，圍場之通稱也。	仲秋之後，效鹿唱以致鹿，曰哨鹿，國語謂之木蘭，因以名圍場云。	
116	312	卡倫	卡從納切，音雜，關隘地方設兵立塘，謂之守卡。	

117	315	侍衛拉錫等探視河源	自京至星宿海共七千六百餘里，登山視星宿海之源，小泉萬億，不可勝數，周圍群山，蒙古名為庫爾滾，即崑崙也。至星宿海，天氣漸低，地勢漸高，人氣閉塞，故多喘息。	
118	317	太阿哥	直郡王	應為大阿哥
119	330	天數所極，佛法且不能違哉，而況人事哉？	魏源曰：西藏非佛國也，而不可謂非異境。全藏所轄六十八城……	第一個「哉」衍。註釋史源當為魏源《西藏後記》
120	336	札薩克	部名	
121	338～339	……雍乾嘉道累葉之才，雖謂聖祖教育而成，誰曰不然？	室直清曰：嘗聞康熙帝御書聯來長寄曰：日月燈，江海油，風雷鼓板，天地間一大戲場；堯舜旦，湯武末，莽操丑淨，古今來許多腳色。寶曰：體天主人。又曰：萬機餘暇。蓋唐太宗以後英主也。或曰：康熙、乾隆二帝，謂之度越千古可也。	詳見第五章
122	425	哲木尊巴胡土克圖	黃教剌麻	今作哲布尊丹巴呼圖克圖
123	425	……世宗親臨奠，賜名號冊印，如達賴班禪之例，遣使護其喪，歸庫倫。	康熙中，喀部為準部所攻破，集議投鄂斯羅與投中國孰利。哲木尊巴剌麻曰：「鄂斯羅持經、衣冠俱不同，必以我為異類，宜投中國興黃教之地。」遂定計東面。	兩處「斯羅」兩字錯置
124	425～426	章嘉者，世宗在雍邸時，所從咨仏法者也	黃教、紅教，以衣色殊稱，經典皆同，咒語稍別……〇論者曰：大雄涅槃不聞轉生，惟使無世世轉生之呼畢勒罕以鎮服僧俗，則蔥嶺以東各國數百萬眾必相雄而不可制，且邊方好殺，而佛戒殺，且神異能降其心，此非堯舜周孔之教所能馴也。	
125	431	和通泊	泊在科布多西二百里。	
126	435～436	……北路築城于鄂爾昆河，留兵屯田防秋，西路則戍哈密、巴里坤。策零欲	鄂爾坤河之東為興安大嶺，至黑龍江瀕海凡千餘里，為蒙古、滿洲與俄羅斯之界，是為大漠東北一大幹。鄂爾坤河以西，額爾齊斯河	鄂爾昆、鄂爾坤，亦作鄂爾渾。「太宗」應為大宗。

		得阿爾泰山故地，廷議不許，使令往復二載，始定議以阿爾泰山為界，厄魯特遊牧不得過界東，喀爾喀遊牧亦不得過界西。	以東，則阿爾泰山，至杭愛山千餘里，為喀部蒙古與俄羅斯之界，是為大漠西北一大幹。我朝與準部兵爭，皆在阿爾泰至杭愛山之間，阿爾泰山即唐史所謂金山也，為西北諸山太宗。	
127	437	蠻悉改流，苗亦歸化。	無君長不相統屬之謂苗；各長其部割據一方之謂蠻。雲貴川廣恆視土司為治亂。	
128	439	雲南得名	見《雲南通志》。	
129	439	瘴減大半	見《滇繫》。	
130	440	是年	十二年	雍正
131	440	臺拱之九股苗……扼排略大關之險，以阻餉道。	排略乃臺拱咽喉也。	
132	447	……不若以夷制夷也。	凡土司之未改流者，四州、雲南、貴州、廣西宣撫宣慰使及長官司之。其四川、青海之間，別土司數十隸西藏達賴者，其貢賦或比年一貢，或三年一貢，各因其土產。	「四州」應為四川
133	449	命立昭忠祠，祀開國已來致命立功者	二年	雍正
134	450	……題奏年羹堯九十二大罪	三年	雍正
135	451	允禟引允禵、允祿、允禵為黨	允禟，聖祖第九子；允禵，第一子；允䄉，第十子；允禵，第十四子。	
136	451～452	江西巡撫布蘭泰參奏知縣牛元弼、知府吳思景……	九年	雍正
137	456	命建賢良祠京師	八年	雍正
138	457～458	命工部立內十三衙門鐵牌，勒諭曰：……	二年。楚材曰：聖祖以忠孝開基，晚年倦於勤，若非世宗力除積弊，恐不得傳至今。門人栗山覺聞之清國云。	事在順治十二年，並非雍正二年，作者誤。詳見第五章胤禛
139	473	御題公《三老五更議》，嘉公持議甚當	大概云：天子祖而割牲，度臣下誰敢受者？疑係漢儒附會，此舉應停止。	詳見第五章張廷玉

140	483	京師前門外有公遺第一區，按奇門法布置，居者每更動，則災害立至。猶想見偉人規畫云。	世相傳番僧號活仏者，倨受王公拜不動，見公則先膜手曰：「此變身韋馱也。」僧言雖誕，然亦可想見公之狀貌云。	詳見第五章岳鍾琪
141	512	復胡文良公煦原官禮部左侍郎	先是田文鏡嗾公罷職	
142	512	召謝濟世復原官御史	濟世在戍九年，時詔開言路，濟世在戍為欽公草疏。明年春，平郡王入覲，上首贊欽疏，曰：「欽拜有古大臣風。」王以實對，上顧左右曰：「果如朕所料也。」	平郡王為福彭
143	514	伊梨	厄魯特之都城	
144	514	阿睦撒納為輝特台吉，居雅爾	雅爾在伊梨東北一千九百里。	亦作阿睦爾撒納
145	516	訥親至，銳意滅賊，下令限三日取噶爾厓	時莎羅奔居勒烏圍，兄子郎卡居噶爾厓。	又稱刮耳崖
146	524	額爾齊斯河	河在阿爾泰山之南二百里，烏魯之北八百里，平定後為屯田之所。	「烏魯」應為烏魯木齊
147	525	博羅塔拉河	河在伊梨東北三百里，為南北两區會合之區，山川水草，形勢皆勝，故阿逆叛後，即踞此地，以號召南北。	
148	528	宰桑	管事之官。	
149	527～529	阿睦撒納	以下皆稱阿逆。	
150	535	謨罕驀德	回回語稱天使為別諳拔爾，亦曰派罕巴爾。	今作默罕默德
151	539	霍吉斯	和卓木伯兄。	
152	544	布魯特	西屬國之一。	
153	545	两鄂拓克	部長皆以鄂托克為名。	第 531 頁已有鄂拓克。用字不一致
154	545	哈薩克	西屬國之一。	
155	545～546	如愛養眾生素賚滿佛之鴻仁，如古伊斯于達里之神威，	所舉三者皆西域先代之賢，猶中國頌堯舜禹湯也。	

		如魯斯坦天下無敵之大勇		
156	546	烏錫巴……率南岸十六萬口啟行	河南岸王庭。	今作渥巴錫，「錫巴」兩字錯置。
157	547	愛烏罕	西屬國之一。	
158	551	北路孟密、孟養、孟拱	桂王舟行入緬之路也。	
159	551	東路木邦、孟良	李定國、吳三桂趨緬之路也。	
160	551	雍籍牙	雍氏漢代受印綬，至乾隆庚戍，凡千六百九十三年，一姓相傳。	「庚戍」當為庚戌，指乾隆五十五年。
161	563～564	論者謂新街江口，順流六日可至阿瓦，使舍戛鳩江之程，與攻老官屯之力……	我軍傴其東寨而駐，故有船之議，謂元人征緬以此取勝也。	
162	574	四十四年，御製懷舊詩，稱蔡世遠為閩之先生	世遠字	
163	591	阮惠……改名阮光平	《明史》安南王皆二名，以其一名事中國，列表奏。	
164	591	富春舊都	富春，蓋西都。	
165	592	陳、莫、黎、阮迭興	明嘉靖中，莫登用奪安南。	
166	592	約暹羅夾攻廣南	暹羅與安南世仇。	
167	593	紅教	黃教黃衣，紅教紅衣，皆因衣為稱。	
168	619	賜詩	詩見紀中。	詳見第五章錢陳群
169	以下第四冊，4	畢沅、惠齡頓兵久	畢沅圍當陽，惠齡勦枝江。	
170	23	經略	額勒登保	
171	23	參贊	德楞泰	
172	36	兩省	閩、浙	
173	37	王得祿亦受傷	（邱）良功矛貫腓。	

174	37	靖洋匪則杜絕岸奸為要	李長庚圍蔡牽于臺灣，斷其走路。牽使其腹心踏小舟偽降，欲行刺長庚。搒衣得刃，斬之。時所將浙兵止二千，餘皆閩卒。牽徧賂閩卒，冒死潰圍，閩卒縱之去。……	
175	40	天里教匪之變	亦名八卦教。	應為天理教
176	52	每見相國	相國蓋指父鄂爾泰。	
177	118	敕禁其貿易	茶葉、大黃	
178	121	還伊薩克舊職	伊薩克有通賊之冤。	
179	175	向提督策賊必犯省城，率親兵繞道介馬疾馳。	奧西諸將惟向提督老於軍事。	「奧」應為「粵」。「向提督」指向榮
180	209	偽封為成天豫王	玉成與李秀成同事獨久，二人為賊中渠魁。	「王」為衍字。「玉成」指陳玉成
181	224	內湖水師於時復振	各船聯絡成一軍，為內湖水師。	
182	241	曾國荃	國藩弟	
183	243	皖軍克復無為州	無為濱江，久為賊踞。	
184	286	北河	北河在直隸天津江下流也。	
185	290	祁門	曾國藩大營在焉。	
186	335～336	洋將白齊文	白齊文，美國人，後降賊，四年郭松林援閩獲之於厦門，將解上海訊治，浙境覆船斃於水。	
187	381	洪福瑱為幼主	洪秀全有婦八十八人，福瑱第二婦賴氏生子，初名天貴，後加一「福」字，為天貴福。秀全死，襲偽號，刻偽璽，於名「福」下列「真王」二字，人誤為名，呼以洪福瑱。	
188	497	曾國藩……對曰：「……多隆阿……鮑超……塔齊布……羅澤南……楊岳斌……劉銘傳、劉松山。」	每說一名，伯王在傍疊說一次。	伯王指僧格林沁之子伯彥訥謨祜
189	506～507	曾國藩……自書日記曰：「即不能振作精神，稍盡當為之職分，又不能溘先	蓋絕筆也。	

		朝露同歸於盡，苟活人間，慚悚何極？」		
190	509	琉球商舶遭颶漂著臺灣南境，為牡丹人所殺。	一說備中人所殺，未詳孰是。	詳見第六章
191	509～510	陸軍中將西鄉從道為蕃地事務都督，陸軍少將谷干城、海軍少將赤松則良為參軍，發兵。	楚材曰：「世傳是役從道使人謂兄隆盛曰：『弟總海陸兵將遠入異域，不可無選鋒。』隆盛募壯士八百餘人遣之。」	
192	514	曾國藩，字滌生。	原名子城，字伯涵。	
193	520	曾國藩……贈太傅。	原任大學士、兩廣總督、一等毅勇侯。	曾國藩曾總督兩江、直隸，未督兩廣
194	523	東宮慈安皇太后，西宮慈禧皇太后垂簾聽政	或曰：慈安精明，慈禧柔婉，多涉書史，又善書。	詳見第五章
195	523	太子太保、武英殿大學士、經筵日講起居注官、軍機大臣寶鋆	滿洲人	
196	523～524	太子太保、體仁閣大學士、經筵講官、總管內務府大臣英桂	滿洲人	
197	524	改置漢臣為文華殿大學士，係本朝創舉。	內閣衙門大學二缺，舊制，文華殿大學士滿臣，武英殿大學士漢臣。	「大學二缺」應為大學士二缺
198	525	兵部侍郎夏同善	杭州人	
199	525	翁同龢	蘇州人	
200	543	十一月十五日	光緒三年	
201	570	朱彝尊曰：「文章之難，自雪苑、軫石之外，其合於作者蓋寡。」	雪苑，朝宗別號。	詳見第五章侯方域
202	572	徵君	夏峰	詳見第五章孫奇逢

203	575	《子劉子行狀》四卷	劉忠正	詳見第五章黃宗羲
204	617	祭酒叔元方劾湯文正公，舉朝憤之，然莫敢訟言其非。獨慈谿姜西溟移文譏之，先生亦上書請削門生籍	先生嘗及祭酒門。	「叔元」當為翁叔元。詳見第五章何焯
205	628	嶺南三家首先生，而屈翁山、梁藥亭次之。有《嶺南三大家集》。	金邠曰：詩奇橫，國初嚴禁。	詳見第五章陳恭尹

二、超長註釋舉例

從上表可見，《清史要略》中的註釋多為一個詞、一句話，不過亦有一些長達數百字者在表中並未全引，以下舉例分析數條。

1. 寧古塔

筆者在前著中引用了增田貢《滿清史略》中的一條長註釋：「寧古塔歷伐〔註10〕不知何所屬，數千里內外，無寸碣可徵。上古之風依然，不令而治，道不拾遺，又能敬長上。」〔註11〕從中可見明治初年日本學者對我國東北史地的關注。

《清朝史略》中亦有一條，眉批為「寧古塔風土」。其註釋為：「寧古塔西行百里曰沙嶺，有金時上京古城。東三里覺羅村，即清國發祥之地。寧古塔，在黃龍府東七百里，與高麗之會寧府接壤，南門臨鴨綠江，木城二重，清國新遷，去舊城六十里。內城周一里，將軍親兵居之。城圍八里，各旗人居之，漢人居東西兩門之外。〇國初寧古塔極寒，三春晝夜風霾蔽天，七月有白鵝下池，不能飛起，數日霜降，八月大雪，九月河凍，十月地裂，暮春冰始解，草木猶未萌芽。夏則有哈湯之險，泥淖數百里，人依草墩而行，稍傾側，人馬俱陷，故商賈裹足。近年漢人日眾，氣漸和暖，淖上橫布樹木，歲時修理，商旅雲集，百貨駢闐，異曩昔矣。」〔註12〕後半段記載的史源或為吳桭臣《寧古塔紀略》。相比增田貢，佐藤楚材對東北史地的研究有所深入。

〔註10〕應為「代」。
〔註11〕殷夢霞、李強選編《外國人著清史八種》，第二冊，第312頁。
〔註12〕殷夢霞、李強選編《外國人著清史八種》，第三冊，第60～61頁。

2. 朝鮮

《清朝史略》中還有一條註釋，眉批為「朝鮮風土」。其內容為：「朝鮮，《禹貢》青州逾海之地，舜割為營州，周封箕子，與盛京僅界鴨綠一江。國雖不競于武，而文學有箕子遺風。箕子以後至唐，世都平壤，明初徙今都，夾熊津、臨津之間，以控制諸道。其國南北二千里，分八道，統郡四十有一，府三十有三，州三十八，縣七十。北距遼，南、東、西三面距海，東、西皆崇山絕島，惟釜山與對馬島相望，一帆半日可達，為海艦出入之門。由釜山入王京、必經全羅、慶尚二道，而全、慶之間，雲峰、大邱，皆可據之險。萬歷間，劉綎以兵五千戍全羅二載，海外帖然。其王京踞八道之中，北倚叢山，南環滄嶠，忠州左右鳥、竹二嶺，羊腸遶曲，有一夫當關之雄，清正嘗守此，以防明師之南渡，是其地利非不可恃也。安平、咸鏡俗尚弓馬，人鷙悍，耐寒苦，是兵非不可用也。徒八道，十九無城，不知王侯設國之義，兵多長衫大袖，無訓練，又俗貴世官，賤世役，一切草莽梟桀之材，禁錮勃欝，往東走西走為腹心，故屢覆于敵國，且平壤西北，鴨、浿二江，俱南通勃〔註13〕海，儻別遣一旅，則王京無西南之援，有國者自強為上，能審已結大援者次之，故一意臣附中故一意國憑藉聲靈藉聲靈。」〔註14〕浿水為朝鮮今清川江和大同江的古稱。「故一意臣附中故一意國憑藉聲靈藉聲靈」似有字錯置及衍文，或為「故一意臣附中國，故一意憑藉聲靈」。從此註釋可見明治初年日本學者對朝鮮史地的關注。

除了「寧古塔風土」、「朝鮮風土」，書中還有眉批「臺灣風土」，但未用註釋，直接用正文記述，可見上節表中。此外其餘關於西藏等地亦有長篇註釋，限於本書篇幅，不再細說。

〔註13〕應為「渤」。

〔註14〕殷夢霞、李強選編《外國人著清史八種》，第三冊，第92～93頁。

第五章 《清朝史略》的人物及形象刻畫

2016 年，日本愛知縣立大學外語學部黃東蘭教授指出：「佐藤在卷首《附傳目錄》中列舉了紀曉嵐、林則徐、曾國藩、段玉裁等 194 名文臣武將的姓名，計劃在歷代皇帝的本紀之後，以『附傳』的形式記錄他們的文功武略。然而，佐藤當初的計劃並沒有完成，他費時四載摘錄而成的遑遑〔註 1〕十一卷《清朝史略》中，實際單獨列傳的僅有曾國藩一人（卷十《穆宗紀》）。《清朝史略》是一部以清朝歷代皇帝為中心的編年史。」〔註 2〕

筆者讀到的影印版《清朝史略》的情況與黃老師所說大相徑庭，佐藤楚材在《附傳目錄》中統計出 194 人，實為 191 人，除 4 人有目無文外，其餘附傳均已完成並刊出，合計 162 篇，其中 6 篇傳記目錄失載。由於這些人物傳記的存在，《清朝史略》並非編年史，而是紀傳體史書。

加上紀中敘述的主要人物，《清朝史略》重點刻畫的人物有兩百多位，下文將以是否入傳為標準將其分為兩大類加以論述。

第一節　未入傳的人物形象

本節包括立紀的清朝皇帝和在紀中刻畫形象而未立傳的其他重要人物兩類。

〔註 1〕應為「皇皇」。

〔註 2〕黃東蘭《儒學敘事下的中國史——以明治時期日本的漢文中國史著作為中心》，《江蘇社會科學》2016 年第 3 期，第 179 頁。

一、《清朝史略》中的清帝形象

《清朝史略》為清太祖至光緒帝設立了帝紀，其人物形象主要通過各自紀中卷首及卷末的描寫被刻畫出來，同時在卷中及部分附傳也有表現。

1. 清太祖弩爾哈齊

《太祖紀》開篇為：「太祖高皇帝，愛新覺羅氏，名弩爾哈齊。」〔註3〕關於清太祖之名是「努爾哈赤」「努爾哈齊」還是「弩爾哈齊」，《舉要》一書已有論述〔註4〕，本書將沿用清朝官書及佐藤楚材的寫法。

「甲申，春正月，先是，兆佳城李岱引哈達來侵，至是，太祖率兵征之，遇大雪，路險，眾勸回軍。太祖不允曰：『李岱乃同姓兄弟，反為哈達鄉導，豈可恕耶？』遂鑿山為磴，踰嶺至城下。李岱鳴角聚兵，登城以待，眾曰：『彼有備，未易攻，姑回兵便。』太祖曰：『吾固知其有備而來。』遂攻克之。秋九月，征棟鄂部，遂助孫禮泰光滾攻瓮哥落，縱火焚城樓，敵有名羅科者，乘烈焰中突發一矢，中太祖頂，砉然有聲，拔之血肉并落，迷而復甦者數四，于是棄垂下之城而還。」〔註5〕時為明萬曆十二年。「瓮哥落」亦作翁郭落、翁鄂落，書中未述弩爾哈齊旋克該城並擢用射傷他的鄂爾果尼和羅科二人事。

「丁亥，是歲太祖始定國政，禁悖亂。」〔註6〕時為萬曆十五年。

萬曆二十一年古勒山之戰，書中將古勒山寫作「古呼山」，弩爾哈齊「諭將士曰：『烏合之眾，其心不一，殪其前者，餘必反走，走而乘之，必大克。』」〔註7〕

「戊戌，太祖將蒙古字編為國語，創立滿文，頒行國中。」此為弩爾哈齊提出拼寫的基本原則後，命額爾德尼和噶蓋二人所編，戊戌為萬曆二十六年，事在第二年己亥。

「癸卯，秋九月，孝慈皇后崩……太祖不忍永訣，梓宮停禁內三年始葬。」〔註8〕癸卯為萬曆三十一年。

紀中綜述：「太祖明德詳刑、敬老尊賢，舉忠直、遠讒佞、恤孤寡、養貧

〔註3〕殷夢霞、李強選編《外國人著清史八種》，第三冊，第59頁。
〔註4〕參見趙晨嶺《晚清日本漢文清史專著舉要——增田貢〈清史攬要〉〈滿清史略〉比較研究》，花木蘭文化出版社2022年版，第63頁。
〔註5〕殷夢霞、李強選編《外國人著清史八種》，第三冊，第62～63頁。
〔註6〕殷夢霞、李強選編《外國人著清史八種》，第三冊，第63頁。
〔註7〕殷夢霞、李強選編《外國人著清史八種》，第三冊，第64頁。
〔註8〕殷夢霞、李強選編《外國人著清史八種》，第三冊，第66頁。

乏，勤勞國政，靡間晝夜，國內大治，奸宄不生，由是帝業已成。」「天命元年，春正月，壬辰朔，眾貝勒率群臣上尊號為覆育列國英明皇帝，建元天命。時明萬曆四十五年也，太祖年五十有八。」〔註 9〕事實上弩爾哈齊是稱汗，並未稱帝。

天命四年薩爾滸之戰，「太祖命大貝勒、四貝勒以二旗兵萬五千人援界藩，而親統六旗兵四萬五千攻薩爾滸大營」，「明與我朝之興亡肇於此戰」。〔註 10〕大貝勒指代善，四貝勒為皇太極，即後來的清太宗。

天命六年遼陽之戰，「太祖命塞其水源，右翼兵運土石壅水，遂越濠鏖戰，左翼兵奮奪橋登城……城中民皆結綵，焚香迎太祖，鼓吹導引入」〔註 11〕。隨後述遷都遼陽，筑東京城，後又遷都瀋陽事。

天命十一年，「是秋八月，太祖崩，年六十八」〔註 12〕。之後作者的綜述「太祖每有征伐，與諸貝勒適於野畫地……」〔註 13〕一段文字與《清史攬要》略同。其史源或為魏源《聖武記》。

值得注意的是，佐藤楚材隨後以「史氏」化用魏源之語，另有兩段史評。「史氏曰：薩爾滸之戰，明四路之兵二十萬，合朝鮮、葉赫為二十四萬，每路六萬，而薩爾滸所破，乃杜松一路耳。敵軍二萬圍界藩，四萬營薩爾滸，而太祖、太宗以六旗兵攻之，每旗七千五百人，是以四萬有餘之兵，攻四萬之敵，以二旗援界藩，是以萬五千兵，攻二萬之敵。杜松軍破，而後我軍皆萃于尚間崖；馬林破，而後我軍皆萃于布達里岡。其留守都城者，僅四千，則是八旗五萬餘人盡行，是亦傾國之師矣。高宗純皇帝《薩爾滸書事》曰：『爾時地之里，未盈數千，兵之眾，不滿數萬，惟是父子君臣，同心協力，師直為壯。何天之寵，用能破明二十萬之眾？』至哉典謨！」〔註 14〕乾隆帝弘曆《薩爾滸山之戰書事》的文字與引文略有不同。

「史氏又曰：草昧之初，以一城一旅敵中原，必先樹羽翼于同部。故得朝鮮人十，不若得蒙古人一；得蒙古人十，不若得滿州〔註 15〕部落人一。族類同

〔註 9〕殷夢霞、李強選編《外國人著清史八種》，第三冊，第 70～71 頁。
〔註 10〕殷夢霞、李強選編《外國人著清史八種》，第三冊，第 75～77 頁。
〔註 11〕殷夢霞、李強選編《外國人著清史八種》，第三冊，第 79 頁。
〔註 12〕殷夢霞、李強選編《外國人著清史八種》，第三冊，第 84 頁。
〔註 13〕殷夢霞、李強選編《外國人著清史八種》，第三冊，第 85～86 頁。
〔註 14〕殷夢霞、李強選編《外國人著清史八種》，第三冊，第 86～87 頁。
〔註 15〕應為「洲」。

則語言同，水土同，衣冠居處同，城郭土著射獵習俗同也。八旗駐防之兵，有遊牧部落，有打牲部落。遊牧部落不一，以蒙古統之；打牲部落不一，以滿洲統之。蒙古漢軍，各編旗籍，不入滿洲八旗，所以齊風氣，一心志，固基業。盛京興京境內，皆老滿洲，此外居近吉林之錫伯人，居近伯都訥之卦勒察人，居近琿春之庫爾喀人，分駐佐領，隨地隨時編丁入軍籍，統稱為吉林之兵；黑龍江北之索倫、達瑚等二部，晝永夜暫，北極出地五十一度，視京師偏東十度有奇，崇德而後，與東北鄂倫春疏附，是為黑龍江之兵。自索倫騎射聞天下，是後編入旗之達爾、鄂倫春等部，世皆以索倫呼之，而吉林一軍，則但知為新滿洲。」〔註16〕隨後詳記清初兵制，前文已述及。此段從努爾哈齊的功績引申談清朝制度，已超出了人物形象刻畫的範圍。

2. 清太宗皇太極

《太宗紀》開篇為：「太宗文皇帝，諱皇太極，太祖第八子也，母孝慈皇后納喇氏，葉赫國之女。狀貌奇偉，面如赤日，仁孝聰睿，深謀遠慮，用兵如神，性嗜典籍。七歲以後，太祖委以家事，不煩太祖指示。」〔註17〕有外貌描寫，並述及幼年之事。「面如赤日」，《清史稿·太宗本紀》稿本作「顏如渥丹」，這確實是皇太極形貌方面的一大特徵。〔註18〕

天聰七年，「太宗獵于厄野，圍一虎，馳入，射中虎。御前蝦噶爾來持刀直前斫之，虎囓其馬足，噶爾來擊殺之。大〔註19〕宗切責之曰：『以爾之勇，施于戰陣為有用，刺虎何事？勇施無用之地，不許復在朕前。』」〔註20〕「蝦」即侍衛的滿語稱呼。

天聰「九年」〔註21〕，「四月十一日乙酉，羣臣上尊號曰寬溫仁聖皇帝，改元崇德，國號大清，時年四十有八」〔註22〕。事在天聰十年，皇太極從汗改稱皇帝，時年四十有五。

崇德「八年八月庚午夜，太宗無疾坐南榻而崩，壽五十有二」〔註23〕。「無

〔註16〕殷夢霞、李強選編《外國人著清史八種》，第三冊，第87～88頁。

〔註17〕殷夢霞、李強選編《外國人著清史八種》，第三冊，第91頁。

〔註18〕參見趙晨嶺《論〈清史稿·太宗本紀〉編纂中對皇太極形象的刻畫》，《清史纂修研究與評論》，上海古籍出版社2012年版，第336頁。

〔註19〕應為「太」。

〔註20〕殷夢霞、李強選編《外國人著清史八種》，第三冊，第107頁。

〔註21〕殷夢霞、李強選編《外國人著清史八種》，第三冊，第113頁，應為天聰十年。

〔註22〕殷夢霞、李強選編《外國人著清史八種》，第三冊，第115頁。

〔註23〕殷夢霞、李強選編《外國人著清史八種》，第三冊，第129頁。

疾」之說同《滿清史略》〔註24〕，事實並非如此。

隨後紀中開始集中刻畫皇太極的形象：「初，天聰三年，諭曰：自古及今，文武並用，以武威克敵，以文教治世。朕今欲興文教，考取生員，諸貝勒已下及滿漢蒙古所有子弟俱令赴考。」宣諭在是年八月，次月考試。

「六年，諭諸大臣曰：諸貝勒大臣之子令其讀書，聞有溺愛不從學者，不知昔我兵之棄灤州，皆由永平駐防貝勒失于救援，遂至永平、遵化、遷安等城相繼而棄。豈非未嘗學問、不通義理之故乎？今我兵圍大淩河，經四越月，人皆相食，竟以死守，雖援兵盡敗，淩河已降，而錦州、松山、杏山猶不棄之而去者，豈非讀書明道理、為朝廷盡忠之故乎？自今子弟八歲已上，皆令讀書。」是頁眉批：「問學。」〔註25〕「永平駐防貝勒」指阿敏。

「崇德元年冬十一月，太宗御翔鳳樓，集諸親王已下，命內弘文院大臣讀金世宗史。太宗謂眾曰：『此書所言，爾等宜審听之。世宗天下賢君也，故後世識者稱為小堯舜云。朕令以滿文譯之，自讀此書，如馬之遇獸，一見輒豎耳欲馳，耳目倍加明快。朕觀此書，太祖、太宗所行法度，至熙宗及亮盡廢之，耽于酒色，般樂無度，效漢人所為，及世宗即位，惟恐子孫效漢法，預為禁約，屢諭以無忘祖宗舊制，服女直之服，言女直之言，時時練習騎射。雖垂訓如此，後世之君，皆效漢俗，忘其騎射，至于哀宗，社稷傾危，國遂亡滅。乃知凡為君者，耽于酒色，未有不亡者也。先時儒臣大海榜式、庫爾纏榜式，屢勸朕改滿洲衣冠，效漢人服飾，學漢人制度，見朕不從，輒以為朕不納。朕試以身喻之，如〔註26〕等于此聚集，寬衣大袖，左佩矢，右挾弓，忽勞薩春科落巴圖魯挺身突入，我等能禦之乎？若廢騎射，必寬衣大袖，待他人割肉而後食，與尚左手之人何以異耶？且朕此言非為一世之計也。恐後世子孫忘舊制，廢騎射，以效漢人，故常切此慮耳。我國士卒，初時能有幾何？只因嫺于騎射，所以野戰則克，攻城則取，故天下人稱我兵曰：立則不動搖，進則不回顧。如此威名，及征北京，竟為八大臣所累矣。故欲爾等以朕言識之。』」〔註27〕所讀之史為《金史．世宗本紀》。「大海」，後世寫為達海。「榜式」，滿語中對文士的尊稱。

在記錄皇太極的長篇講話之後，作者舉了兩個例子：「大海榜式通漢書，

〔註24〕殷夢霞、李強選編《外國人著清史八種》，第二冊，第257頁。

〔註25〕殷夢霞、李強選編《外國人著清史八種》，第三冊，第130頁。

〔註26〕通「汝」。

〔註27〕殷夢霞、李強選編《外國人著清史八種》，第三冊，第130～132頁。

習典故，為國宣力，太宗注念不忘，召其三子賜饌及緞布，仍誡次子陳德勤習漢書。寧完我原係薩哈廉貝勒家人，因通文史，太宗擢置文館，參豫機務，陞為二等甲喇章京，以睹〔註28〕博擬罪，凡欽賜諸物俱沒入，解任，仍給與薩哈廉為奴。」〔註29〕所述枝蔓，旁逸斜出，放在此處並不合適。

下段所記事眉批寫為「睦親」:「天聰七年五月，召諸覺羅賜宴。眾以免丁謝恩，太宗曰:『倘蒙天祐，有時克裕，豈僅如此相見哉？』成親王、肅親王有罪，降為多羅貝勒。太宗諭曰:『眾議爾等死罪，若殺爾等，朕可孑然獨立乎？倘蒙帝眷，得至富貴，欲與兄及弟、子侄以及庶民共享安樂。朕若殺爾等，將與誰共之乎？爾等自今以後，當心懷忠信，竭力圖報。其効力與否，朕自知之。』」〔註30〕成親王指岳託，肅親王指豪格，二人被降事在崇德元年。

「天聰八年，工部承政孟阿圖奏言:『罪廢莽古爾泰、德格類二貝勒徇葬金銀器皿，臣等已經收取，當何處處之？』(二人太宗兄弟，中暴疾死，後謀叛發覺，籍家得印，曰金國皇帝之印。)太宗怫然曰:『天鑒厥罪，陰殛之。今將已寒之骸骨復行拋棄，有何益也？彼豈因骸骨拋散而幽魂有所痛楚耶？伊等骸骨惟不守護，不祭奠而已。』太宗又曰:『朕若以死者為仇，棄骸骨，是効法惡人也，非仁人之所為。既葬之，則亦已矣。』」〔註31〕莽古爾泰、德格類事發於天聰九年底，此對話當在十年正月。

其後書中又記:「千山大安寺僧入〔註32〕何大峰重修古寺，進松花餅曰:『食此可以延壽明目。』太宗曰:『若能勤政養人，國泰民安，上天自然默佑，豈因服松花可以延壽明目乎？』仍以重修古寺賞銀十兩。」千山位於今遼寧鞍山市東南。

「崇德四年，致書于圖白忒汗曰:『大清國寬溫仁聖皇帝致書于圖白忒汗，自古國君所制經典，朕不欲其泯絕不傳，故特遣使延請聖僧。爾圖白忒之主，能施佛教于天下之賢人，倘即敦遣前來，則朕心甚悅矣。至所以延請之詞，俱著所遣額爾德尼、達爾漢等使臣口傳。』」〔註33〕「圖白忒」亦作土伯特，指西藏。此述皇太極推崇藏傳佛教事。

〔註28〕應為「賭」。
〔註29〕殷夢霞、李強選編《外國人著清史八種》，第三冊，第132～133頁。
〔註30〕殷夢霞、李強選編《外國人著清史八種》，第三冊，第133頁。
〔註31〕殷夢霞、李強選編《外國人著清史八種》，第三冊，第133～134頁。
〔註32〕應為「人」。
〔註33〕殷夢霞、李強選編《外國人著清史八種》，第三冊，第134頁。

「天聰四年十二月，太宗獵于精微地方，大貝勒代善部下蒙古猛克射麈，誤中御衣，幸未及體。代善與岳託貝勒欲射殺猛克，太宗曰赦之，遂鞭一百釋之。」〔註 34〕

「天聰九年諭諸貝勒曰：『昔太祖時禁郊外放鷹，蓋以擾害人民，蹂踐田園也。今聞違背禁令仍行擾民，貧民何以堪此？且朕行師出獵，雖嚴寒之時皆駐蹕郊野，不入屯堡，亦恐耗損小民耳。嗣後放鷹如擾民，事發之後，决不輕恕。』」

作者於此綜述皇太極的形象：「上幼而聰慧，秉性寬弘，仁慈和惠，不殺而威。善于養人，各國新附之人未有不馴服者。勵精圖治，罔耽逸豫，比屋蒙休，萬民樂業。」〔註 35〕

行文至此，有兩段史論。「論者曰：稽乾隆四十三年高宗純皇帝巡狩盛京諭言：山海關京東天險，明代重兵守此，以防我朝，而大軍每從喜峰、居庸間道內襲，如入無人之境，然終有山海關控扼其間，則內外聲勢不接，即入其他口，而彼撓我後路，故貝勒阿敏棄灤、水〔註 36〕等四城而歸。太宗雖怒之，而自此遂不親征。大軍入口，所克山東、直隸郡邑輒不守而去，皆由山海關阻隔之故，乃不旋踵而吳三桂請師討賊，反開關以延我師之入。在德不在險，信哉！」〔註 37〕此為從山海關軍事地理的角度讚頌皇太極的「德」。

「又曰：大軍至山東，亦不用扼運河之策者，明糧艘夏北秋南，與我師冬至春歸之期不相值，若留軍，盛夏又有暑雨瘟疫、師老敵乘之患。故用兵有小天時，有大天時。小天時以決利鈍，大天時以決興亡。慎其小時則軍出萬全，俟其大時則一戎衣而成帝業。」〔註 38〕此為從戰略角度探討皇太極攻明之事，何以最終「成帝業」。這兩段的史源當為魏源《聖武記》，「我師」未改，不合史體。

3. 清世祖福臨

《世祖紀》開篇為：「世祖章皇帝，諱福臨，太宗第九子也。母康和皇太后，以崇德戊寅正月十三日生世祖于盛京。比誕之前，太后有紅光繞身。誕之前夕，太后夢神抱一子授之曰：『此統天下之主也。』太后受而置膝上，其

〔註 34〕殷夢霞、李強選編《外國人著清史八種》，第三冊，第 134～135 頁。
〔註 35〕殷夢霞、李強選編《外國人著清史八種》，第三冊，第 135 頁。
〔註 36〕應為「永」。
〔註 37〕殷夢霞、李強選編《外國人著清史八種》，第三冊，第 135～136 頁。
〔註 38〕殷夢霞、李強選編《外國人著清史八種》，第三冊，第 136 頁。

人忽不見。次日，誕生。生而神靈，志量非常，稍長，聰明英睿，六齡即嗜書史。」〔註 39〕福臨生母為孝莊文皇后，他即位後尊為聖母皇太后，順治八年親政後上徽號為昭聖慈壽皇太后，簡稱昭聖皇太后。「康和」是康熙年間她為太皇太后時所加徽號中間兩字，不能如此稱呼。

書中記述了增田貢在《滿清史略》中增敘之事，而內容更完整：「丁亥，即位于篤恭殿，出宮時寒甚，侍臣進貂裘，世祖視裘，卻不御。時甫六齡，將上輦，乳嫗欲同坐，世祖曰：『此非汝所宜乘。』不許。禮畢入宮，顧侍臣曰：所進裘以紅裏，故不服耳。」〔註 40〕《滿清史略》中沒有解釋福臨不穿貂裘的原因。

該紀結尾為：順治十七年十二月，「諭禮部曰：『朕荷天眷佑，纘承祖業，統御天下，夙夜乾惕，圖所以乂安海內，早底〔註 41〕昇平，十有七年于此。乃民生尚未盡遂，雖嚴懲貪官，而積習未改，滇黔入版圖，而伏莽未靖，徵調猶繁，彈〔註 42〕思竭力，治效未臻。負上天之簡卑〔註 43〕，愧祖宗之寄托，虛皇太后教育之恩，孤四海萬民之望，非朕未嘗厲精求治，實由不德所致，反覆修省，罔敢即安。茲引咎自責，祭告天地宗廟社稷，布告中外。』十八年正月初七日，世祖崩于養心殿，遺詔天下，在位十八年，年二十有四。」〔註 44〕

隨後作者開始集中刻畫福臨形象：「初，世祖諭工部曰：朕惟修己治人，大經大法，備載經文，欲與翰林諸臣明其義理，但內院尚非經筵日講之地，速造文華殿，以便講求古訓。」文華殿明末毀於戰火，康熙年間才重建完成。

「諭禮部曰：朕惟帝王致治，文教為先；臣子致君，經術為本。自明末擾亂，日尋于〔註 45〕戈，學問之道，闕焉不講。今天下漸定，朕將興文教，崇儒術，以開太平。爾部傳諭學臣，訓督士子，凡理學道德、經濟典故諸書，務要研求淹貫，通古明今，明体則為真儒，達用則為良吏。果有此等實學，朕不次簡拔，重加作用。」〔註 46〕

「十年，詔天下購求遺書，頒賜異姓公已下、文官三品已上《御製資政要

〔註 39〕殷夢霞、李強選編《外國人著清史八種》，第三冊，第 139 頁。

〔註 40〕殷夢霞、李強選編《外國人著清史八種》，第三冊，第 140 頁。

〔註 41〕通「抵」。

〔註 42〕應為「殫」。

〔註 43〕應為「畀」。

〔註 44〕殷夢霞、李強選編《外國人著清史八種》，第三冊，第 186～187 頁。

〔註 45〕應為「干」。

〔註 46〕殷夢霞、李強選編《外國人著清史八種》，第三冊，第 187 頁。

覽》《範行恆言》《勸善要言》《儆心錄》各一部。十二年，修《順治大訓》。十五年，親試舉人，面諭曰：『頃因考試不公，親加覆閱，爾等皆朕赤子，其安心毋畏，各抒實學。朕非好為此舉，欲求真才，故不獲已耳。』眾皆頓首稱萬歲。」

「十七年，頒賜《三國演義》。先是，翻譯《三國演義》告成，大學士范文程等賞賜鞍馬銀幣。國朝滿洲武將不識漢文，多得力於此。」該滿文版《三國演義》完成於順治七年。

「先是，御注《孝經》，闡明微旨，視開元御注度而越之。聖祖又御定《孝經衍義》一百卷。」「開元御注」指唐明皇李隆基對《孝經》的註釋。

「十年，以地震水旱，民生未遂，省躬自責，詔曰：『自今以往不得稱聖。』監察御史匡蘭兆言朝祭宜復用袞冕，世祖曰：『一代自有制度，朝廷惟在敬天愛民安天下，何必在袞冕？』」〔註 47〕

「順治十一年，世祖以諸札薩克蒙古久不見，恐壅上下之情，特賜敕存問，令有所欲請，隨時奏聞：『朕世為天子，爾等亦世世為王，屏藩百世。』科爾心〔註 48〕從龍佐命，世為肺附，孝端文皇后、孝莊文皇后、孝惠章皇后皆科爾沁女，故世祖幼沖踐阼，中外貼然，緊蒙古外戚扈戴之力。」〔註 49〕

「召戶部問曰：『各官俸銀需用幾何？應于何月支給？大庫所存尚有若干？』對曰：『俸銀支于四月，共需六十萬兩，今大庫所存僅二十萬金。』世祖曰：『大庫之銀，已為睿王用盡（睿王謀不軌，死後發覺），今當取內庫銀按時速給。夫各官所以養贍者，賴有俸祿耳。若朕雖貪，亦何損？』」〔註 50〕頒詔論多爾袞罪在順治八年二月。

「戶部進陝西柑子，世祖卻之曰：『以口腹之微騷擾小民，朕心殊為不忍，目前需餉正殷，留此買運柑子錢粮以養兵民。』」〔註 51〕

「濟寧州進瑞麥，世祖曰：『時和歲豊，即是禎祥，不在瑞麥。』卻之。群臣表賀芝草產于嵩山，世祖曰：『時和歲稔，方為祥瑞，芝草何必稱奇？』」〔註 52〕

〔註 47〕殷夢霞、李強選編《外國人著清史八種》，第三冊，第 188 頁。
〔註 48〕應為「沁」。
〔註 49〕殷夢霞、李強選編《外國人著清史八種》，第三冊，第 188～189 頁。
〔註 50〕殷夢霞、李強選編《外國人著清史八種》，第三冊，第 189 頁。
〔註 51〕殷夢霞、李強選編《外國人著清史八種》，第三冊，第 189～190 頁。
〔註 52〕殷夢霞、李強選編《外國人著清史八種》，第三冊，第 190 頁。

在記載福臨的上述言行之後，作者進行了總結。「史氏曰：世祖沖齡踐阼，纘承丕緒，維時明運已終，四海鼎沸，命將出師，百萬巨寇，一戰而克，定鼎燕京，為天下生民主，齊、晉、秦、豫傳檄而降，平江、准〔註53〕，定楚、蜀，下浙、閩，兩粵、滇、黔，以次底定。雖士勇兵強，而進止方略，悉稟廟謨，以故海宇廓清，用成大一統之業。承大亂之後，念紀綱凋敝，博採眾謀，禮樂刑政，粲然明備，有唐虞三代之風焉。任文以明人倫，蠲租以固邦本，修《賦役全書》以革無藝之征，定大清律令以滌煩苛之法。辨賢奸，慎黜陟，親召對，廣諮訪。諸如祀故明陵寢，為崇禎帝立碑，優恤勝國死難之臣，一切曠典度越前代矣！且其聖神文武，仁孝信慈，入奉慈訓，出蒞臣民，御眾以寬，接下以誠，篤好儒術，手不釋卷，秉燭披覽常至夜分。御製《資政要覽》《內則衍義》，編輯祖宗聖訓、《孝經衍義》諸書，舉行經筵日講，詔建景運門直廬，制度文章，史不勝紀，文致太平，武除禍亂，猗歟盛矣！」〔註54〕其中涉及福臨親政前的內容，當是對清初統治集團的整體評價。紀中未提及順治末年福臨研習佛學、篤信佛教之事。

4. 清聖祖玄燁

《聖祖紀》開篇為：「聖祖仁皇帝，諱玄曄，世祖第三子。母孝慈皇后修氏，一等公圖賴女。以順治十一年三月戊申（十八日）生。先是，後衣裾若有龍繞。至誕辰，五色光氣與日並曜。」〔註55〕玄燁生母為孝康章皇后佟佳氏，前兩句即有三處史實錯誤。

「上舉止端肅，志量恢宏，語出至誠，切中事理。讀書十行俱下，略不遺忘。自五歲後好學不倦。六歲，世祖問其志，曰：『待長而效法皇父。』八歲踐阼，太皇太后問何欲，曰：『唯願天下乂安，生民樂業，共享太平之福而已。』」〔註56〕太皇太后即孝莊文皇后。

該紀結尾為：康熙六十一年「十一月初七日，上不豫，自南苑回駐暢春園。十三日，疾大漸，命趨召皇四子於南郊齋所，曰：『皇四子某人品貴重，深肖朕躬，必能克成大統，著繼朕登基，即皇帝位。』是日崩，葬景陵，在位六十一年，壽六十九，廟號聖祖。曾國藩曰：我朝六祖一宗集大成於康熙，而雍乾

〔註53〕應為「淮」。
〔註54〕般夢霞、李強選編《外國人著清史八種》，第三冊，第190～191頁。
〔註55〕般夢霞、李強選編《外國人著清史八種》，第三冊，第229頁。
〔註56〕般夢霞、李強選編《外國人著清史八種》，第三冊，第229～230頁。

以後，英賢輩出，若沐聖祖之教。此在愚氓亦似知之，其所以然者，雖大智莫能名也。聖祖嘗自言：年十七八時讀書過勞，至於咯血，而不肯少休。老耄而手不釋卷，臨摹名家多至萬餘，寫寺廟扁榜多至千餘，蓋雖寒畯不能方其專；北征度漠，南巡治河，雖卒役不能踰其勞。祈雨禱疾，步行天壇，并醢醬虀鹽而不御，年逾六十，猶扶病而力行之。凡前聖所稱至德純行，殆無一而不備。上而天象地輿、秝算音樂、考禮行師、刑律農政，下至射御醫藥、奇門壬遁、滿蒙西域外洋之文書字母，殆無一而不通，且無一不創立新法，別啟津途。後來高才絕藝，終莫能出其範圍，然則雍乾嘉道累葉之才，雖謂聖祖教育而成，誰曰不然？」〔註 57〕紀中前述玄燁兩廢太子之事，而對胤禛繼位之謎並未提及。曾國藩語載於《國朝先正事略》序，「六祖一宗」指肇祖、興祖、景祖、顯祖、太祖、太宗、世祖。

其後有一段雙排小字：「（室直清曰：嘗聞康熙帝御書聯來長嵜曰：日月燈，江海油，風雷鼓板，天地間一大戲場；堯舜旦，湯武末，莽操丑淨，古今來許多腳色。寶曰『體天主人』，又曰『萬機餘暇』。蓋唐太宗以後英主也。或曰：康熙、乾隆二帝，謂之度越千古，可也。）」室直清（1658～1734），名直清，字師禮，號鳩巢，又號滄浪、英賀，通稱新助，日本德川時代中期的儒學家，屬朱子學派。「長嵜」即日本長崎。據說圓明園中曾有類似楹聯。

5. 清世宗胤禛

《世宗紀》開篇為：「世宗憲皇帝，諱胤禛，聖祖第四子。」上有眉批：「《三場程式》諱胤禛。作『禎』，蓋誤。」〔註 58〕糾正了其名之誤。此處未書生母，亦沒有記如其父祖出生前後那樣的所謂異象，此內容被放到胤禛去世時書寫。

雍正「十三年八月廿三日，上崩，遺詔張廷玉、鄂爾泰將來配享大〔註 59〕廟。在位十三年，改元者一，曰雍正，謚曰憲皇帝，廟曰世宗，葬泰陵。皇太子即位，是為高宗。開化寺塔成。初，上母皇后烏雅氏嘗夢月入懷，華彩四照，已而誕。幼耽書史，立就萬言，書法遒雅，妙兼眾体。性尤純孝，本於至誠，籌度事理，評騭人才，燭照如神」。〔註 60〕中間嵌入「開化寺塔成」，實不得體。

〔註 57〕殷夢霞、李強選編《外國人著清史八種》，第三冊，第 337～339 頁。
〔註 58〕殷夢霞、李強選編《外國人著清史八種》，第三冊，第 425 頁。
〔註 59〕應為「太」。
〔註 60〕殷夢霞、李強選編《外國人著清史八種》，第三冊，第 447～448 頁。

「雍正初，諭內閣：廣東總督楊琳辨理塩務以來，聞將窮民生理盡行霸佔，百姓怨憤。夫錢粮雖屬緊要，當為百姓存留微利養生，若既為錢粮起見，又圖自己取利，絲毫不與百姓，使窮民失所，成群竊盜，其害較缺欠錢粮為更大矣。務須謹慎廉潔，從公辨理，方屬稱職。不可只為錢粮起見不顧百姓。」〔註61〕

「諭大學士等曰：國家養育人材，首重翰林，必當立品端方，居心敬慎。聞有僥倖之徒，平昔結黨營私，至科場年分，互相援引請託，遇謹守之人，畏怯不旨〔註62〕通，反相排抵，飛語誣陷，此風斷不可長。」〔註63〕

「安徽巡撫魏廷珍言鄉民違例演戲，應嚴禁。得旨：州縣村堡之間借演戲為名，斂錢耗費，招呼朋類，開設賭場，種種不法，則地方有司所當嚴禁者；至于有力之家祀神酬廟，歡慶之會，歌詠太平，在民間有必不容已之情，在國法無一概禁止之理。今但稱違例，而未分晰原由，則是凡屬演戲皆為犯法，國家無此科條也。」

「禮部遵旨，請于知府朱之璉一支內擇一人，隨差官同往明太祖陵及昌平十三陵春秋二祭，從之。封朱之璉一等侯世襲。聖廟災，山東巡撫陳世倌奏合屬紳士公捐修理文廟銀四萬，有旨着動正項錢粮，此捐銀不准行。命立昭忠祠，祀開國已來致命立功者。（二年）」〔註64〕

「吏部議原任檢討董圯乞終養，應准所請，俟親終來京候補。得旨：為人子者，無不欲其父母常存，今疏內聲明親終服滿補用，人子聞之，何以為情？似此等不仁之語，朕不忍降旨，亦不忍之閱覽。著刪去具奏。」〔註65〕

「諭吏部：朕從前恐天下督撫參劾屬員或有不公，致受屈抑，曾降諭旨令歷年廢官具呈都察院查檢題明。朕為天下主，一夫不獲，尚厪朕懷，豈可令郡縣司牧枉受冤抑乎？」

「議政大臣、刑部等題奏年羹堯九十二大罪，上念青海功令自裁，抄沒家資現銀五十萬。（三年）大學士等奏食侍講俸之錢名世作詩投贈年羹堯稱功頌德，備極諂諛，應革職治罪。得旨：彼頗有文名，可惜立身卑污，但其所犯尚不至於死。伊既以文詞諂譽奸惡，為名教所不容，朕即以文詞為國法，

〔註61〕殷夢霞、李強選編《外國人著清史八種》，第三冊，第 448 頁。
〔註62〕應為「肯」。
〔註63〕殷夢霞、李強選編《外國人著清史八種》，第三冊，第 448～449 頁。
〔註64〕殷夢霞、李強選編《外國人著清史八種》，第三冊，第 449 頁。
〔註65〕殷夢霞、李強選編《外國人著清史八種》，第三冊，第 449～450 頁。

示人臣之炯戒。著錢名世革去職銜，發回原籍。朕書『名教罪人』四字，令該地方官掛匾額於所居之宅，可令在京官員等倣詩人刺惡之意各為詩文，紀其劣跡，一并進呈，俟朕覽過給付錢名世。」〔註66〕此述胤禛羞辱錢名世的文字獄。

「巡撫陳世倌疏言左道惑民，律有嚴禁，如回教不敬天地，不祀神祇，別立宗主，自為歲年，黨羽眾盛，濟惡害民，請概令出教，毀其禮拜寺。不許。」此條反映了雍正帝在民族宗教政策上的開明。

「改皇弟允禟名為塞思黑。先是，允禟引允禵、允䄉、允禩為黨，糾合術士匪徒，陰謀篡奪，至是發覺，勅俱行拘禁。」此述胤禛對牽涉儲位之爭諸弟的迫害，紀中未提允禩事。

「九月重九節，上御乾清宮西暖閣，召皇子、諸王、大學士已下九十四人賜宴，賦栢梁體詩。」

「江西巡撫布蘭泰參奏知縣牛元弼、知府吳思景。上曰：凡督撫當為國家愛借〔註67〕人才，若誤去一員，更在誤薦一員之上。天下人才幾何？豈可用一時之喜怒而濫行摧折乎？（九年）」〔註68〕

「先是，湖南人曾靜因考試劣等，家居憤鬱，忽圖叛逆。……上諭：呂留良悍戾凶頑，好亂樂禍，……其日記稱我朝或曰清，或為北，或曰燕，或曰彼中，……其他悖亂之詞不可枚舉。呂留良子呂葆中，曾應試成名，蒙恩拔置鼎甲，仕列清華，乃不即毀板焚書以滅其跡……此呂留良之逆亂為家傳也，應照何定律治罪？具奏得旨：呂留良、呂葆中俱戮屍梟示，呂毅中斬決，孫輩發寧古塔給披甲人為奴。呂毅中之詩文書籍，不必銷燬。」〔註69〕此述曾靜投書案引出的呂留良文字獄案。

「又諭：逆嚴鴻逵之徒沈在寬亦懷不逞，如雜志內錄沈崑銅詩曰：那知雁塞龍堆婦，翻補旃裘御榻旁。又云：剩得鼓吹鳴聒耳，蛙聲又是莽新年。此係本朝初年之作，沈在寬于作者已故七八十年後尚述為美談乎？且在寬稱本朝為清時，竟不知身為何代之人？著刑部訊供具奏。」〔註70〕未述沈在寬後來被凌遲處死。

〔註66〕殷夢霞、李強選編《外國人著清史八種》，第三冊，第450～451頁。
〔註67〕應為「惜」。
〔註68〕殷夢霞、李強選編《外國人著清史八種》，第三冊，第451～452頁。
〔註69〕殷夢霞、李強選編《外國人著清史八種》，第三冊，第452～454頁。
〔註70〕殷夢霞、李強選編《外國人著清史八種》，第三冊，第454頁。

「諭：廣西學政衛昌績奏請設觀風整俗使，爾等紳士，乃兆民之觀瞻，閭閻之坊表，若能忠孝禮讓，以為眾人之模楷，風俗自歸淳厚。若不能躬先率表，而望東〔註 71〕鐸司教之官家喻戶曉，使之易俗移風，所謂逐末而忘本也。爾等當于己身自求之。」〔註 72〕「爾等紳士」當指所漏書的此諭對象：廣西在京官員。觀風整俗使一職雍正四年始設於浙江，其後福建、廣東、湖南亦置。

「諭內閣九卿等：查嗣庭向來趨附隆科多，伊曾薦舉，朕授為內閣學士、禮部侍郎。今歲鄉試，朕以江西大省，用伊為主考官。今閱江西試錄所出題目，顯露心懷怨望、譏刺時事之意，料其居心澆薄乖張，必有平日紀載，遣人查其寓所行李中則有日記二本，悖亂荒唐、怨懟捏造之語甚多。又于聖祖仁皇帝之用人行政，大肆訕謗，以翰林改授科道為可恥，以裁汰冗員為當厄，以欽賜進士為濫舉，以戴名世獲罪為文字之禍……。內閣等定議，查嗣庭應照大逆律凌遲處死……」〔註 73〕此述查嗣庭科場試題案，還提到了《聖祖紀》中未述的戴名世《南山集》案。

「諭曰：縱法寔是足長奸，恐寬宥之後而犯者愈眾也。」其上眉批：「亦有是理」，批註者對此表示同意。〔註 74〕

「命建賢良祠京師。（八年）特諭入祀滿洲大臣凡五人：大學士圖海、都統賚塔、內閣學士顧八代、尚書馮〔註 75〕爾漢、總河齊〔註 76〕勒也。諭：『原任禮部尚書顧八代，品行端方，學術醇正。當征勦吳逆時，以學士協贊軍務，克復粵西滇南，勞績茂著。皇考因其品學優長，足為模範，特命為朕兄弟之師。朕自幼與共朝夕，講論忠孝大義，研究經書，肫誠周至，獲益良多。嗣註誤罷職，仍在內廷課讀數載。戊子冬物故，朕親臨其喪，本欲陳情皇考之前，求恩賜卹，值聖體違和不瀆奏。迄今回憶當年誦讀情景宛然如昨，應優加贈卹，以展朕篤念師資至意。』遂復禮部尚書，加贈太傅，予祭葬，如典禮，謚文端，立碑墓道上。復念其子孫貧，賞白金萬両。」〔註 77〕賚塔亦作賴塔，瑪爾漢亦作馬爾漢，「齊勒」當為齊蘇勒。顧八代卒於康熙四十七年戊子。

〔註 71〕應為「木」。
〔註 72〕殷夢霞、李強選編《外國人著清史八種》，第三冊，第 454～455 頁。
〔註 73〕殷夢霞、李強選編《外國人著清史八種》，第三冊，第 455～456 頁。
〔註 74〕殷夢霞、李強選編《外國人著清史八種》，第三冊，第 456 頁。
〔註 75〕應為「瑪」。
〔註 76〕漏「蘇」字。
〔註 77〕殷夢霞、李強選編《外國人著清史八種》，第三冊，第 456～457 頁。

「命工部立內十三衙門鐵牌，勒諭曰：中官之設，雖自古不廢，然任使失宜，遂貽禍亂，近如明朝王振、汪直、曹吉祥、劉瑾、魏忠賢等，專擅威福，干預朝政，開廠緝事，枉殺無辜，出鎮典兵，流毒邊境，甚至謀為不軌，陷害忠良，煽引黨類，稱功頌德，以致國事日非，覆敗相尋，足為鑒戒。朕今裁定內官衙門及員數職掌，法制甚明，以後但有犯法干政、竊權納賄、囑托內外衙門、交結滿漢官員、越分擅奏外事、上言官吏賢否者，即行凌遲處死，定不姑貸。特立鐵牌，世世遵守。（二年）」〔註78〕此事當在順治十二年，並非雍正二年，作者把世祖事誤植於世宗朝。

段末雙排小字，為作者的史論：「（楚材曰：聖祖以忠孝開基，晚年倦於勤，若非世宗力除積弊，恐不得傳至今。門人栗山覺聞之清國云。）」〔註79〕栗山覺事蹟在作者自序中已述，詳見本書第一章第一節。

6. 清高宗弘曆

《高宗紀》開篇為：「高宗諱弘曆，世宗第四子。」〔註80〕此處未書謚號末尾之純皇帝。

乾隆「六十年，高宗御極周甲慶期。二月，諭曰：『本月上丁，釋奠禮成，因念臨御六十年以來，孜孜勤政，悉由典學懋修所致，回憶沖齡就傅，時福敏啟蒙，蔡世遠教以古文作法，從此肆力，學業益進。當年久侍講帷，敷陳啟沃，福敏、蔡世遠兩師傅之力為多。今朕年登八旬開五，眷懷舊學，允宜增秩三公。福敏加贈大〔註81〕師，蔡世遠加贈太傅，并賜祭一壇，以示崇師儒至意。』乃命巡撫即家致祭。」該書未給福敏、蔡世遠立傳，其事蹟在刻畫弘曆形象時在此提及。

「上天才敏捷，日課數詩，皆用丹筆作草，令內監持出，付汪由敦及劉文正用素楮楷繕之，謂之詩片。上以汪由敦老於文學，尋常碑記之作，每命公屬草。公令趙翼草創而加潤色焉。及進呈，經御筆刪改，往往出人意表，然後知聖學尤不可及也。冬，上以御宇周甲，將行內禪之禮，而隆儀盛事古所罕見，阿文成公酌定儀注。」〔註82〕所述事亦見該書汪由敦、阿桂傳記中。

〔註78〕殷夢霞、李強選編《外國人著清史八種》，第三冊，第457～458頁。
〔註79〕殷夢霞、李強選編《外國人著清史八種》，第三冊，第458頁。
〔註80〕殷夢霞、李強選編《外國人著清史八種》，第三冊，第511頁。
〔註81〕應為「太」。
〔註82〕殷夢霞、李強選編《外國人著清史八種》，第三冊，第603～605頁。

「嘉慶元年，上禪位皇太子，在位六十年，改元者一，曰乾隆。以嘉慶四年崩，謚純皇帝，廟曰高宗。」作者於此總結：「論者曰：乾隆年間凡兩定準部，一定回部，兩定金川，兩定廓爾喀，一定臺灣，及安南、緬甸先叛後服，總為十全武功。」〔註 83〕《高宗紀》和《聖祖紀》末尾均未多錄言行以刻畫形象，或因統治時間超長，所涉史事過於繁雜所致，而其後諸帝紀末不但未多錄言行，連史論也沒有了，頗有虎頭蛇尾之感。

7. 清仁宗顒琰

《仁宗紀》開篇為：「仁宗睿皇帝諱永琰，乾隆帝第十五子。母鈕祜祿氏，滿洲人。即位改元嘉慶。」〔註 84〕未述永琰改名顒琰事。

嘉慶「十八年，初，國家自嘉慶七年川陝戡定，十三年靖閩越海寇，十六年辛未春，天子方舉西巡狩之典，幸五臺，示得意，而有星孛紫微，占主兵。越二年，則有天里教匪之變。」〔註 85〕「天里教」應為天理教，與增田貢兩書同誤。

「皇子等在上書房聞變，皇次子急命進撒〔註 86〕袋、鳥銃、腰刀，命諸太監登垣以望賊。俄有手白旗攀垣將踰養心門入者，皇次子發鳥銃殪之，再發再殪……。……回蹕駐煙郊，下詔罪己，并責中外諸泄沓尸素致釀漢唐宋元明以來未有之禍，以功封皇次子智親王，諸大臣賞黜有差。」〔註 87〕並未指出皇次子即未來的道光帝。

「二十五年正月十四日，上崩，在位二十五年，壽六十五。改元者一，曰嘉慶。謚曰睿皇帝，廟曰仁宗，陵號睿陵。皇太子即位，是為宣宗。」〔註 88〕顒琰實於是年七月二十五日卒於熱河避暑山莊，壽六十一，葬於昌陵。正月十四是後來其子旻寧的忌日。

8. 清宣宗旻寧

《宣宗紀》開篇即誤：「昊寧成皇帝，諱昊寧。仁宗皇子，即位改元道光。」〔註 89〕首句應改為：宣宗成皇帝，諱旻寧。

〔註 83〕殷夢霞、李強選編《外國人著清史八種》，第三冊，第 605 頁。
〔註 84〕殷夢霞、李強選編《外國人著清史八種》，第四冊，第 1 頁。
〔註 85〕殷夢霞、李強選編《外國人著清史八種》，第四冊，第 40 頁。
〔註 86〕應為「撒」。
〔註 87〕殷夢霞、李強選編《外國人著清史八種》，第四冊，第 42～43 頁。
〔註 88〕殷夢霞、李強選編《外國人著清史八種》，第四冊，第 46 頁。
〔註 89〕殷夢霞、李強選編《外國人著清史八種》，第四冊，第 109 頁。

鴉片戰爭中，道光二十二年，「宣宗素一意剿寇，而諸大臣皆不欲戰，君臣議常不合。至此始知其不可防，遂起伊里布同欽差大臣耆英馳赴講和。英兵乘勝進至燕子磯，距江寧府三十里。耆英至，即遣使議和。駕幸熱河，於是士民瓦解，而姦民所在蜂起……」。眉批：「駕幸熱河。」〔註 90〕道光帝並未去熱河，此為嚴重史實錯誤，作者把他同第二次鴉片戰爭中的咸豐帝混淆了，而校批者讀時也未明其誤。

「三十年正月十四日，上崩于熱河，謚成皇帝，廟號宣宗，壽七十二，在位三十年，改元者一，曰道光。皇太子即位，是為文宗顯皇帝。」〔註 91〕熱河之說延續了前述史實錯誤，旻寧實於是日卒於圓明園慎德堂，壽六十九。

9. 清文宗奕詝

該卷標題僅有「文宗」二字，漏書「紀」字。開篇為：「文宗顯皇帝，諱奕詝，登極求賢。」〔註 92〕

咸豐十年，英法「二國精兵一萬餘人入通州，萬砲電擊奮進，我軍遂大敗。上大驚，率后妃諸王北幸熱河，命皇弟恭親王留守京師」〔註 93〕。此處與《清史攬要》均用「大驚」來描述。

十一年，「是年七月十七日，帝崩，壽三十，廟號文宗，陵號顯陵」〔註 94〕。奕詝實葬於定陵。

10. 清穆宗載淳

《文宗紀》結尾為：咸豐十一年「八月朔旦，五星聚奎。是月，同治帝登極，贊襄王大臣遂定明年紀元之號為祺祥。未幾，三王及肅相得罪，兩皇太后臨朝，乃改明年為同治元年」〔註 95〕。五星聚奎亦稱五星連珠，本是自然現象，古代星象學附會為帝王之象、大吉之兆。「贊襄王大臣」中只有兩王：怡親王載垣和鄭親王端華。「肅相」指大學士肅順。

《穆宗紀》開篇為：「穆宗諱載淳，文宗皇子，生母慈安皇后。妃，前狀元、今侍郎、三等承恩公崇綺之女。」〔註 96〕載淳生母並非慈安，而是慈禧。

〔註 90〕殷夢霞、李強選編《外國人著清史八種》，第四冊，第 153 頁。
〔註 91〕殷夢霞、李強選編《外國人著清史八種》，第四冊，第 156 頁。
〔註 92〕殷夢霞、李強選編《外國人著清史八種》，第四冊，第 171 頁。
〔註 93〕殷夢霞、李強選編《外國人著清史八種》，第四冊，第 288 頁。
〔註 94〕殷夢霞、李強選編《外國人著清史八種》，第四冊，第 307 頁。
〔註 95〕殷夢霞、李強選編《外國人著清史八種》，第四冊，第 307 頁。
〔註 96〕殷夢霞、李強選編《外國人著清史八種》，第四冊，第 309 頁。

崇綺之女是皇后，並未為妃。崇綺為同治四年狀元，同治十一年後曾任戶部侍郎、吏部侍郎，光緒年間歷任都統、將軍、尚書等職，稱「前狀元、今侍郎」不妥。

同治十三年「十二月初五日，帝患痘崩，壽十九歲，廟號穆宗，在位十年，改元者一，曰同治」〔註 97〕。載淳實在位十三年。

11.「今帝」載湉

《今帝紀》開篇為：「今上皇帝諱載湉，穆宗叔父醇親王奕環〔註 98〕嫡子。穆宗無子，入嗣大統。元年正月廿日即位，歲五歲。東宮慈安皇太后、西宮慈禧皇太后垂簾聽政。」〔註 99〕全書終於光緒四年，對載湉形象沒有進一步刻畫。書中關於兩宮皇太后的形象刻畫，詳見下文。

二、未入附傳的其他人物形象

1. 多爾袞

多爾袞在書中首次出現於《太宗紀》：天聰「九年春，命貝勒多爾袞、岳託、豪格等往收插漢部落，侵掠明邊。命貝勒多譯〔註 100〕率兵攻明錦州。至是，多爾袞等既降插漢，並由朔州毀寧武關，入略代、忻、應、惇〔註 101〕，俘獲人畜七萬六千二百，還歸化城」〔註 102〕。插漢即蒙古察哈爾部，多爾袞等毀寧武關在是年六月。

皇太極改元崇德時，封「多爾袞為睿親王」〔註 103〕。崇德三年「秋八月，命睿親王多爾袞、克勤郡王岳託等兩路伐明」〔註 104〕。「六年，命睿親王多爾袞、肅親王豪格等攻錦州，以必克為期。多爾袞等離城三十里而營，又私遣甲士更番還家，致敵芻糧樵采出入無忌。太宗震怒詰責，命鄭親王濟爾哈朗往代之。（降多爾袞為郡王，罰銀一萬兩，其餘罰有差。）」〔註 105〕多爾袞等攻錦州在崇德五年六月，六年三月被降郡王。

〔註 97〕殷夢霞、李強選編《外國人著清史八種》，第四冊，第 514 頁。
〔註 98〕應為「譞」。
〔註 99〕殷夢霞、李強選編《外國人著清史八種》，第四冊，第 523 頁。
〔註 100〕應為「鐸」。
〔註 101〕應為「崞」。
〔註 102〕殷夢霞、李強選編《外國人著清史八種》，第三冊，第 113 頁。
〔註 103〕殷夢霞、李強選編《外國人著清史八種》，第三冊，第 115 頁。
〔註 104〕殷夢霞、李強選編《外國人著清史八種》，第三冊，第 120 頁。
〔註 105〕殷夢霞、李強選編《外國人著清史八種》，第三冊，第 123 頁。

皇太極卒後，「乙亥，和碩親王代善會群臣定議，奉大行皇帝第九子嗣位，以和碩親王濟爾哈朗、和碩睿親王多爾袞輔政」。皇太極卒於崇德八年八月初九日庚午，乙亥為是月十四日。

順治元年「四月，命攝政王睿親王為奉命大將軍，率師收明山海關外地……」〔註 106〕後事眉批為「山海關之戰」，「攝政王入燕京」〔註 107〕。十月，「定都燕京」，「封攝政王多爾袞為皇叔攝政王，賜冊寶」〔註 108〕。所封當為叔父攝政王，書中未述次年改皇叔父攝政王，及五年稱皇父攝政王事。

書中在述順治七年十二月事的註釋中記，「是月，攝政王多爾袞薨，年三十九，追尊為敬義皇帝，廟號成宗。」〔註 109〕多爾袞謚號為懋德修遠廣業定功安民立政誠敬義皇帝，簡稱當為義皇帝。

順治十一年事中註釋：「睿王謀不軌，死後發覺。」〔註 110〕書中未述乾隆四十三年弘曆給多爾袞平反事。

2. 吳三桂

《世祖紀》中述：明「……寧遠總兵、平西伯吳三桂……聞燕京已陷，不敢前，又聞家口被掠于賊（是時，三桂妻張氏、子應熊均未死，或與妾圓圓同為劉宗敏所虜。陳碧城詩曰：全家白骨劫灰寒，僥倖娥眉匹馬還。妬婦騃兒並珍惜，衝冠未必為紅顏。），而賊已遣兵二萬東攻灤州，向山海關，乃回兵擊潰賊，降其眾八千，急遣使我朝乞師討賊。」〔註 111〕註釋中引用清中期詩人陳文述之句，對吳三桂「衝冠一怒為紅顏」之說提出了不同觀點。後事涉其人的眉批有「山海關之戰」，「定都燕京」，正文「授吳三桂平西王敕印」。〔註 112〕書中詳述順治九年保寧之戰（詳見本書第四章），但誤繫於十年。〔註 113〕

順治十七年，「三桂貪擅兵權，必欲俘永歷為功，四月有《渠魁不剪，三患二難》之疏。（略曰：李定國、白文選窺我邊防，兵到則彼退藏，兵撤則彼擾，此其患在門戶；土司反覆，唯利是趨，扇惑遍地蜂起，此其患在肘腋；降人革面尚未革心，永歷在緬，豈無繫念？萬一邊關若輩生心，此其患在腠理。

〔註 106〕殷夢霞、李強選編《外國人著清史八種》，第三冊，第 140 頁。
〔註 107〕殷夢霞、李強選編《外國人著清史八種》，第三冊，第 144～145 頁。
〔註 108〕殷夢霞、李強選編《外國人著清史八種》，第三冊，第 147 頁。
〔註 109〕殷夢霞、李強選編《外國人著清史八種》，第三冊，第 171 頁。
〔註 110〕殷夢霞、李強選編《外國人著清史八種》，第三冊，第 189 頁。
〔註 111〕殷夢霞、李強選編《外國人著清史八種》，第三冊，第 141 頁。
〔註 112〕殷夢霞、李強選編《外國人著清史八種》，第三冊，第 147 頁。
〔註 113〕殷夢霞、李強選編《外國人著清史八種》，第三冊，第 176 頁。

今滇中兵馬雲集，糧草取之民間，勿論餉運愆期，即到滇召買，米價日增，措糧之難如此。召買糧草，民間搬運交納，民力盡于官糧，耕作荒于南畝，各無生理，勢必逃亡，培養之難如此。臣用是打算，惟有及時進兵，早收全局。）乃八月命內大臣愛星阿為定西將軍，赴滇會剿，兵共十萬。十一月，會師木邦。十二月，抵蘭鳩江。緬遂執桂王由榔及妻子並從官獻，文選亦降。未幾，定國死于景線，于是桂藩之局結。」〔註 114〕比較增田貢兩書，佐藤楚材不但增引此疏，還交代了李定國的結局。

略記康熙三年、五年吳三桂「剿土司」之事後，書中詳述：十二年，「吳三桂叛。國朝兵事，大者曰前三藩、後三藩。前三藩，明福王、唐王、桂王也；後三藩，平西王吳三桂、平南王尚之信、靖南王耿精忠也。……」〔註 115〕

關於吳三桂僭號之後身死之事，書中只說「三桂已死」，即開始分析其軍事戰略問題：「初，三桂舉兵，諸將或言宜疾行渡江，全師北向；或言宜直下金陵，扼〔註 116〕長淮，絕南北運道；或言宜出巴蜀，據關中，塞崤函自固。三桂年老更事多，欲出萬全，不肯棄滇黔根本。初得湖南即下令諸將毋得過江，以為事縱不成，可畫長江而國，故用兵數載未嘗長驅東北。及大兵四合，境蹙身死……」〔註 117〕此段史源或為魏源《聖武記》。

3. 鄭成功

書中首述其父鄭芝龍，順治二年，「是夏六月，明唐王朱聿鍵稱帝福建。及南都陷，鄭鴻逵奉之入閩，安南〔註 118〕伯鄭芝龍、禮部尚書黃道周等勸進，遂改元隆武」〔註 119〕。鄭芝龍封號為南安伯，「安南」為誤寫。次年，「芝龍詣降福州，貝勒博洛俘以凱旋」〔註 120〕。

《世祖紀》中未提鄭成功之母，接述「芝龍子成功及兄子鄭彩、鄭聯，竝擁眾海上，是為浙閩沿海二寇之始。」〔註 121〕在《聖祖紀》中又述鄭芝龍事：「朱成功者，芝龍娶日本婦所生子也。」〔註 122〕

〔註 114〕殷夢霞、李強選編《外國人著清史八種》，第三冊，第 185 頁。
〔註 115〕殷夢霞、李強選編《外國人著清史八種》，第三冊，第 240 頁。
〔註 116〕或為「扼」。
〔註 117〕殷夢霞、李強選編《外國人著清史八種》，第三冊，第 259～260 頁。
〔註 118〕兩字錯置。
〔註 119〕殷夢霞、李強選編《外國人著清史八種》，第三冊，第 153 頁。
〔註 120〕殷夢霞、李強選編《外國人著清史八種》，第三冊，第 161 頁。
〔註 121〕殷夢霞、李強選編《外國人著清史八種》，第三冊，第 162 頁。
〔註 122〕殷夢霞、李強選編《外國人著清史八種》，第三冊，第 232 頁。

順治七年，「成功遣使朝永曆于湖南，受封延平郡公」〔註 123〕。鄭成功順治四年奉永曆正朔，次年封威遠侯，晉漳國公，十四年受封延平郡王，並無「延平郡公」封號。

八年，「……成功在閩，復乘王師攻舟山之隙，大舉寇沿海。初，芝龍出入海中，每一商舶例金三千，不得鄭氏旗不能行也。及唐王時，以練餉為名，閩粵二省正供之外，捐輸百萬盡歸鄭氏，故富敵國，皆積安平鎮。福建巡撫張學聖等謀，乘成功之出擣安平巢穴，攫其貲。成功還怒，以索債為名，連陷諸縣，進圍章〔註 124〕州七閱月。詔逮張學聖入京治罪」〔註 125〕。詔逮張學聖在次年。

九年海澄之戰及遙祭明孝陵事所述與《清史攬要》略同。「十年」，「……令芝龍少子世忠持芝龍書往招之，芝豹、彩、聯皆降，獨成功不受」。「是冬，成功乘機登岸措餉，大擾福州、興化諸府，後復陷同安等，破舟山據之。」〔註 126〕世忠並非芝龍少子，少子為世默。世忠勸降事當在十一年。

「十五年，成功聞王師三路攻永歷于雲貴，乃大舉內犯江南以圖牽制，溫州、平陽、瑞安俱陷，全浙震動。」〔註 127〕此處未現《清史攬要》的時間錯誤，而永曆前文未避諱，此處避弘曆諱改。

十六年梁化鳳敗鄭成功於金陵後，「詔將軍達素等擣廈門，我兵不習水戰，暈眩不能軍。成功手自搴旗起師，引巨艦橫擊之，風吼濤立，一海皆動，我軍退，多陷于淖，大敗而退。終成功之世，無覆島者。○成功崎嶇海上十餘載，進取無成，乃謀奪臺灣為窟穴。朝廷議堅壁清野之計，下令遷沿海三十里于界內，不許商舟漁舟一舠下海。民戀生計，脅于嚴刑，多不願。張煌言貽成功書曰：『棄此十數萬生靈不收，而爭夷島乎？且安一隅，將來金、廈兩門，亦不可守也。』而成功方得臺灣，虞蘭人外鬩，不暇內渡，由是沿海稍息肩。成功亦旋卒于臺灣（康熙二年。）」〔註 128〕。收復臺灣在順治十八年，鄭成功卒於康熙元年。

《世祖紀》未提《滿清史略》增補的何斌事，《聖祖紀》中則述：成功「順

〔註 123〕殷夢霞、李強選編《外國人著清史八種》，第三冊，第 172 頁。
〔註 124〕應為「漳」。
〔註 125〕殷夢霞、李強選編《外國人著清史八種》，第三冊，第 173 頁。
〔註 126〕殷夢霞、李強選編《外國人著清史八種》，第三冊，第 174～175 頁。
〔註 127〕殷夢霞、李強選編《外國人著清史八種》，第三冊，第 179 頁。
〔註 128〕殷夢霞、李強選編《外國人著清史八種》，第三冊，第 184 頁。

治十七年自江南敗歸，乃奪臺灣為窟穴。時荷蘭二城已置揆一王守之，與南洋呂宋諸國互市，漸成都會。適其主會計之臣，負帑二十萬，恐發覺無以償，乃走投成功，請為兵鄉導。成功覽其地圖，歎曰：『此亦海外之扶餘也。』十八年，先以百艘泊澎湖，進鹿耳門。門外嚮有膠淺數十里，海舟不得近岸，荷蘭又沈大艘塞港口，及是，潮驟漲丈餘，數百艘倏抵岸。荷蘭倉卒不支，遂克赤嵌城，進壁王城。其城亂石疊砌，火煅成灰，融為石城，堅凝不受礮，半載不下，乃塞其水源困之，且與約曰：『予余先人故土，子女玉帛，任爾所之。』解圍，退三舍。荷蘭乃以大舶遷國。成功既有臺灣，與所據金、廈島相犄角。又禮處士陳永華為謀主，闢屯墾，修戰備，制法律，定職官，興學校，起池館，以待故明宗室遺老之來歸者。以赤嵌城為承天府，置天興、萬年二縣，招徠漳、泉、潮之民，行萊日闢。詔移沿海居民三十里界外於內地，禁漁舟商舟一舠下海，以杜搆煽。成功曰：『沿海万里盡委棄之，使田廬丘墟，墳墓無主，寡婦孤兒，哭望天末，惟吾之故。今雖披揭〔註 129〕，亦復何用？但收拾餘燼，銷鋒灌燧，息兵休農，待天下之清未晚也。』」〔註 130〕此處雖繫收復臺灣於順治十八年，而仍記成功卒於康熙二年，可見並非筆誤。

4. 洪秀全

《宣宗紀》卷末眉批：「長髮賊洪秀全起，後擁眾三百萬，擾亂十六省，據金陵為都。」其下正文為：道光三十年「六月，廣西逆民洪秀全倡亂於桂平縣之金田邨。初，道光二十年間，粵西歲饑多盜，不能戢，適有湖南逆民雷再浩擾至粵境，尋稍平。二十九年，陳亞癸、歐祖潤、山豬箭、顏品瑤等各率黨羽數千，四路劫掠。斯時洪秀全等伏而未動也。六月，鄭巡撫出師督剿，駐平樂府，洪秀全等始倡亂。」鄭巡撫指鄭祖琛。

「秀全者，原籍廣平〔註 131〕花縣人，年四十餘，長鬚蜂目，面濶，身痴肥，略識字。父名國游，與母均早死。素飲博無賴，以演卜游江湘間。」洪秀全父實名鏡揚。

「廣東距京師七千餘里，土瘠民貧，苗獞〔註 132〕雜處，林深箐密，久為逋逃淵藪。先是，有奸民朱九濤倡上帝會邪教，亦名三點會，秀全及同邑之馮

〔註 129〕應為「褐」。

〔註 130〕殷夢霞、李強選編《外國人著清史八種》，第三冊，第 232～234 頁。

〔註 131〕應為「東」。

〔註 132〕用字不妥。

雲山師之，旋以秀全為教主。」拜上帝會或稱上帝會，實為洪秀全與馮雲山創立。朱九濤本名邱昌濤，湖南天地會首領。咸豐元年假託明裔改名，自稱太平王，三年在郴州起事，兩年後敗亡。

「道光十六年，秀全及雲山至廣西，住桂平山中傳其教。桂平人曾王珩家素豐富，延秀全訓蒙，時秀全妹夫蕭朝貴及楊秀清、韋昌輝、石達開先後入教。」洪秀全及馮雲山首次至廣西傳教在道光二十四年。他再赴廣西，到桂平紫荊山見馮雲山則是二十七年。蕭朝貴妻楊宣嬌被塑造成上帝之女，故其被稱為洪秀全的妹夫。

「秀全病，極危，旋愈，詭云病死七日而蘇，能知未來事，謂舉世將有大災，惟入會拜上帝可免。」洪秀全此次大病在道光十七年。

「拜上帝者，各納銀五兩為香鐙資，凡入會不稱師徒，而曰兄弟，遇婦女則曰姐妹，意不欲人自貶，則易廣其教，故楊秀清等皆兄事之。秀全自知無術，不足惑眾，乃託名西洋教。彼教所崇為耶蘇，秀全欲駕而上之，撰天父、天兄名目，謂天父名耶火華，以耶蘇為長子，秀全為次子，故稱耶蘇為天兄。復與馮雲山、盧賢拔等，造《真言》《寶誥》諸偽書，密為傳布。潛蓄髮，藏山箐間，嗾人分途簧誘連界之武宣、象州、藤縣、陸川、博〔註 133〕。各邑人心浮動，附從者日多，歛資亦漸鉅，遂萌逆志。當是時，秀全所惑僅下愚之眾，即使嘯聚，亦只如蜀之米賊、宋之王則等耳。苟有良有司安撫而驅除之，無難立定者，何致勞師揮武，擾亂十有五年，蹂躪十有六省，淪陷至六百餘城之眾哉？乃長吏務為姑息，不事剿撫，僅令鄉團守望相助，復無董率，一任鄉練與會匪各樹旂鼓，爭為長雄，致令蠢醜屯聚日繁，遂於金田邨倡亂。八月，楊秀清等迎洪秀全移屯武宣縣東鄉，招集亡命，復返金田。秀清原籍廣東，尤狡獪，因洪秀全揑造天父，遂證其說，自作巫，謂天父下凡附其身，詗人陰私摘發之，羣驚為神。嘗託天父言，挾制洪秀全，令前跪受杖，已有不韙，亦伏地令人杖之不少貸，以是蕭朝貴等篤信之。又秦日綱亦入其教，六人分布各邑，輾轉誘聚，入會者漸眾，游民林鳳祥、海盜羅大綱等率眾從之。又湖南洪大全幼穎慧，甫八歲，能默誦十三經，陰自負，知秀全倡亂，即往依附，遂為部署隊伍，旂幟器械漸備，返屯金田。」〔註 134〕金田起義在道光三十年冬。洪大全為焦亮之化名。

〔註 133〕漏「白」字。

〔註 134〕殷夢霞、李強選編《外國人著清史八種》，第四冊，第 156～159 頁。

咸豐元年「正月，洪秀全等由金田出關至大黃江，向提督進攻，賊眾兵單，守備王崇山等陣亡，洪逆遂益驕橫，僭偽號為太平王，縱火燬盡大黃墟，悉裹其眾，分擾桂平、貴縣等，入象州。」〔註135〕向提督指向榮。

「六月，洪秀全由象州犯桂平之新墟，賽尚阿抵廣西，添募鄉勇，約共三萬餘人，分派將弁，嚴扼各要隘，伏兵竹木叢雜之地，一日七勝，殲擒二三千人，破其巢穴，仍遁入新墟。」〔註136〕

「閏八月，賊陷永安州，遂僭偽國號為太平天國。洪秀全為天王；楊秀清為軍師、東王，一切軍事取決焉；蕭朝貴為又正軍師、西王；馮雲山為副軍師、南王；韋昌輝為北王；石達開為翼王；洪大全為天德王；秦日綱、羅亞旺、范連德、胡以晄等各稱丞相軍師。當是時，官軍勢盛，賊有散志，獨秀清堅忍，建策封王籠絡群醜，熸而復熾。」〔註137〕所述天德王事同《清史攬要》，而其事已被學界證偽。亞旺是羅大綱的原名。

二年「八月，犯湖南省。賊疾馳赴長沙，七月二十八日至省，踞民房為巢窟，並高峯高阜為壘，偽西王蕭朝貴攻南門，官兵殪之。洪秀全、楊秀清先在郴州，聞之馳至，廣築土壘分屯，併力攻城。兵民百計守禦，各路大兵齊集，槍礮聲震天地，軍威漸壯。」〔註138〕蕭朝貴部七月初九已克湖南永興，所書「八月」誤。

洪秀全等繼續圍攻長沙，「十月初二日，城外金雞橋地雷再發，副將瞿騰龍力扼，殺悍賊數百，賊之地道已盡，復缺勢，漸窮蹙，群賊漸離。於是洪秀全於南門外取玉造偽璽，稱為天賜，以籠絡群心，脅眾呼為萬歲，遂於十月十九日渡淮南行。」〔註139〕

「十月，洪秀全掠民船數千，渡洞庭湖，帥眾十餘萬圍岳州。提督博恭〔註140〕先三日棄城走。其城臨大江，三面陡絕，險峻可守，湖北提督博勒恭武督兵防堵，砲聲未絕，鄉勇已誘賊，城立陷。城中舊存吳三桂軍械砲位，盡為賊有。岳州富庶，賈帆雲集，賊入長江旬日，奪五千艘，婦稚貨財盡驅滿載，洪秀全自駕龍舟，樹黃旗，列十餘砲，夜則點三十六燈，他船稱之，江面如晝，

〔註135〕殷夢霞、李強選編《外國人著清史八種》，第四冊，第171頁。
〔註136〕殷夢霞、李強選編《外國人著清史八種》，第四冊，第172～173頁。
〔註137〕殷夢霞、李強選編《外國人著清史八種》，第四冊，第173～174頁。
〔註138〕殷夢霞、李強選編《外國人著清史八種》，第四冊，第176～177頁。
〔註139〕殷夢霞、李強選編《外國人著清史八種》，第四冊，第177～178頁。
〔註140〕應為博勒恭武。

數十里火光不絕，遂東下。」文中將博勒恭武拆分為兩人，雖避開了「先三日棄城走」與「督兵防堵，砲聲未絕」的矛盾，卻並非史實，其人後因棄城治罪被處死。所述龍舟事同《清史攬要》。

「三年正月二日，洪秀全棄武昌東下，男婦約五十萬人，船約萬數，資糧、軍火、財帛與婦稚盡置舟中，蔽江而下，帆檣如雲，新舊賊分兩岸夾江以行，進向九江。兩廣總督〔註 141〕陸建瀛率兵二萬餘人，船千五百艘，沿江而下……賊取太平、蕪湖，陷金陵，據為偽都，造宮室、輿馬、服飾，封諸偽官，僭王者制。」〔註 142〕兩廣總督之誤同《清史攬要》，其後咸豐六年天京事變的記載亦略同。

十一年「十一月，各省攻勦劇嚴，重城連陷，金陵唾手可得。首逆洪秀全大懼，乃令偽忠王李秀成、偽侍王李侍賢〔註 143〕分路犯擾，以分我兵力」〔註 144〕。該書此前數年並無《清史攬要》中洪秀全親自指揮作戰的記載，不過李世賢之名亦誤。

同治三年正月，「……李秀成自浦口竄回，鳴鐘鼓，請逆算備作先事計。逆侈然登座，云：『我奉上帝聖旨，天父天兄命我下凡，作九州萬國獨一真主，何懼之有？去留任汝，我鐵桶江山，爾不扶助，有人扶助！我之天兵百萬千萬，妖兵豈能飛入耶？』」〔註 145〕「逆」即指洪秀全。

「六月十六日，曾國荃攻克金陵，偽幼主洪福瑱遁走，偽忠王李秀成及洪仁達等伏誅。先是，四月二十七日，偽天王洪秀全見勢窮援絕，服毒身死。群酋私瘞偽宮內，秘不發喪，而內外喧傳已徧。乃立其子洪福瑱為幼主（洪秀全有婦八十八人，福瑱第二婦賴氏生子，初名天貴，後加一『福』字，為天貴福。秀全死，襲偽號，刻偽璽，於名『福』下列『真王』二字，人誤為名呼以洪福瑱。）」此段註釋可以解釋增田貢兩書洪福瑱人名之誤。或曰洪秀全為病卒，並非服毒。

書中述曾國藩隨後「掘出洪秀全屍」，在奏摺中稱：「屍遵尚邪教，不用棺木，徧身皆用繡龍黃緞包裹，雖纏腳亦係龍緞，頭禿無髮，鬚尚全存，已間白矣。驗畢戮屍，舉烈火而焚之。有偽宮婢係道州黃姓女子，即手埋逆屍者也。

〔註 141〕實為兩江總督。
〔註 142〕殷夢霞、李強選編《外國人著清史八種》，第四冊，第 180～181 頁。
〔註 143〕應為李世賢。
〔註 144〕殷夢霞、李強選編《外國人著清史八種》，第四冊，第 305 頁。
〔註 145〕殷夢霞、李強選編《外國人著清史八種》，第四冊，第 365 頁。

臣親加詢問，據供：洪秀全經年不見臣僚。四月二十七日，官軍攻急，服毒身死……」〔註146〕描述較《滿清史略》所添者更細。

5. 兩宮皇太后

慈禧和慈安兩太后首次在書中出現是《文宗紀》末：咸豐十一年，「……兩皇太后臨朝，乃改明年為同治元年」〔註147〕。

《穆宗紀》卷首載淳生母之誤，前文已述。紀中接敘：「御極之初，翁文端忌〔註148〕存以疾在告，兩宮皇太后圖任舊人以輔聖德，特旨起用……」〔註149〕咸豐、同治兩朝帝師翁心存，後謚文端。

其後兩宮皇太后主要出現在諭旨中，如同治元年上諭：「……朕以沖齡踐祚，荷蒙兩宮皇太后孜孜求治，舉賢任能，每於該大臣等所陳規畫言聽計從……」〔註150〕「當此江浙軍務喫緊，生民塗炭，我兩宮皇太后孜孜求治，南望增憂……」〔註151〕同治三年清軍攻破天京後上諭：「……兩宮皇太后孜孜求治，識拔人材，用能內外一心，將士用命，成此大功……」〔註152〕「該大臣」指曾國藩。

幸虧就任直隸總督的曾國藩在其日記中留下了寶貴記錄，書中的慈禧、慈安兩太后形象才生動起來：同治八年「十二月，曾國藩抵京，十四日，趨朝見皇上、兩宮慈安皇大〔註153〕后、慈禧皇太后於養心殿」〔註154〕。以下均為對話體，原書並未分段，為便於閱讀，本書改變字體分行引用：

太后問：「汝在江南事都辦完了？」

對曰：「辦完了。」

問：「勇都撤完了？」

對曰：「撤完了。」

問：「遣散幾多勇？」

對曰：「撤的二萬人，留的尚三萬。」

〔註146〕殷夢霞、李強選編《外國人著清史八種》，第四冊，第396～397頁。

〔註147〕殷夢霞、李強選編《外國人著清史八種》，第四冊，第307頁。

〔註148〕應為「心」。

〔註149〕殷夢霞、李強選編《外國人著清史八種》，第四冊，第309頁。

〔註150〕殷夢霞、李強選編《外國人著清史八種》，第四冊，第314頁。

〔註151〕殷夢霞、李強選編《外國人著清史八種》，第四冊，第316頁。

〔註152〕殷夢霞、李強選編《外國人著清史八種》，第四冊，第390頁。

〔註153〕應為「太」。

〔註154〕殷夢霞、李強選編《外國人著清史八種》，第四冊，第495頁。

問：「何處人多？」

對曰：「安徽人多，湖南人也有些，不過數千人，安徽人極多。」

問：「撤得安靜？」

對曰：「安靜。」

問：「汝一路來可安靜？」

對曰：「路上很安靜，先恐有遊勇滋事，卻倒平安無事。」

問：「汝出京多少年？」

對曰：「臣出京十七年了。」

問：「汝帶兵多少年？」

對曰：「從前總是帶兵，這兩年蒙皇上恩典，在江南做官。」

問：「汝從前在禮部？」

對曰：「臣前在禮部當差。」

問：「在部幾年？」

對曰：「四年，道光二十九年至禮部侍郎，咸豐二年出京。」

問：「曾國荃是汝胞弟？」

對曰：「是臣胞弟。」

問：「汝兄弟幾個？」

對曰：「臣兄弟五個，有兩個在軍營死的，曾蒙皇上非常天恩。」

問：「汝從前在京，直隸的事，自然知道。」

對曰：「直隸的事，臣也曉得些。」

問：「直隸甚是空虛，汝須好好練兵。」

對曰：「臣的才力怕辨不好。」

○十五日，趨朝入養心殿。

皇太后問：「汝造了幾個輪船？」

對曰：「造了一個，第二個現在方造未畢。」

問：「有洋匠不？」

對曰：「洋匠不過六七個，中國匠人甚多。」

問：「匠是那國的？」

對曰：「法國的，英國的也有。」

問：「汝病好了？」

對曰：「好了些。」

〇十六日，趨朝入見。

皇太后問：「汝此次來帶將官不？」

對曰：「帶了一個。」

問：「叫甚麼名字？」

對曰：「叫王慶衍。」

問：「他是甚麼官？」

對曰：「他是記名提督，是鮑超的部將。」

問：「汝這些年見淂好將官不？」

對曰：「好的倒也不多。多隆阿就是極好的，有勇有謀，此人可惜了。鮑超狠好，勇多謀少。塔齊布甚好，死淂太早。羅澤南是好的。楊岳斌也好。目下的將官，就要算劉銘傳、劉松山。」（每說一名，伯王〔註 155〕在傍疊說一次。）

太后問水師的將，對曰：「水師現無良將。長江提督黃翼升尚好，可用，但是第二等人才。」

問：「楊岳斌他是水師的將，陸路何如？」

對曰：「楊岳斌長於水師，陸路調度差些。」

問：「鮑超病好了？他現在那里？」

對曰：「聽說病好些，他在四川夔州府住。」

問：「鮑超舊部撤了不？」

對曰：「撤了。本存八九千人，今年四月，撤了五千人，九月間，臣調直隸時，恐怕滋事，又將四千人全行撤了。皇上如要用鮑超，尚可再招淂的。」

問：「直隸空虛，地方是要緊的，汝須好好練兵。吏治也極廢弛，汝須認真整頓。」

對曰：「也知要緊，臣要去時，總是先講練兵，吏治也該整頓。但是臣的精力現在不好，不能多說話，不能多見屬員。這兩年在江南，見屬員太少，臣心甚是抱愧。」

太后說：「汝實心實力去辦。」

〔註 155〕指僧格林沁之子伯彥訥謨祜。

〇十七日，曾國藩趨朝，召見。

皇太后問：「汝定於何日出京？」

對曰：「定二十日出京。」

問曰：「汝到直隸，辦何事為急？」

對曰：「臣遵旨以練兵為先，其次整頓吏治。」

問：「汝打算練兵二萬兵？」

對曰：「臣擬練二萬人。」

問：「還是兵多些？勇多些？」

對曰：「現尚未定，大約勇多於兵。」

問：「劉銘傳之勇，現紮何處？」

對曰：「在山東境內張秋地方。他那一軍，有一萬一千人，此外尚須練一萬人。或就直隸之六軍增練，或另募北勇練之。俟臣到任後察看，再行奏明辦理。」

問：「直隸地方也不乾淨，尚有些伏莽？」

對曰：「直隸山東交地，本有梟匪，又加降捻遊匪，處處皆有伏莽。總須練兵，乃彈壓淂住。」

問：「近來外省督撫也說及防海的事不？」

對曰：「近來因長毛捻子鬧了多年，就把海防的事都看鬆些。」

問：「這是一件大事。」

對曰：「這是第一件大事。兵是必要練的，那怕一百年不開仗也須練兵防備。兵雖練淂好，卻斷不可先開衅。講和也要認真，練兵也要認真，二事不可偏廢，都要細心的辦。」

問：「也就靠你們替我辦一辦。」

對曰：「臣盡心竭力去辦，凡有所知，隨時奏明請示。」

問：「直隸吏治也疲玩久了，你自然也都曉淂。」

對曰：「一路打聽，到京又問人，也就曉淂些。屬員全無畏憚，臣到任後，不能不多參幾人。」

問：「百姓也苦淂狠。」

對曰：「百姓也甚苦，年歲也不好。」〔註156〕

〔註156〕殷夢霞、李強選編《外國人著清史八種》，第四冊，第495～500頁。

同治九年「七月，兩江總督馬新貽為張汶祥所害，詔以曾國藩調補兩江總督……○二十五日，曾國藩入都召對。」〔註 157〕對話中提及天津教案：

皇太后問曰：「你何日自天津起程？」

對曰：「二十三日自天津起程。」

問：「天津正兇曾已正法不？」

對曰：「未行刑，旋聞領事之言，俄國公使即將到津，法國羅使將派人來津驗看，是以未能遽殺。」

問：「李鴻章擬於何日將伊等行刑？」

對曰：「臣於二十三日夜接李鴻章來信，擬於二十五日將該犯等行刑。」

問：「天津百姓現尚刁難好事不？」

對曰：「此時百姓業已安謐，均不好事。」

○曾國藩二十七日入朝召對。

皇太后問：「你在直隸，練兵若干？」

對曰：「臣練新兵三千，前任督臣官文練舊兵四千，共為七千。擬再練三千合成一萬，已與李鴻章商明。」

問：「南邊練兵也是要緊的，你們好好的辦去。」

對曰：「現在海面尚平安，惟當設法防守，臣擬在江中要緊之處修築炮臺。」

問：「能防守便是好的，這教堂就常常多事。」

對曰：「教堂近年到處滋事，教民好〔註 158〕不喫教的百姓，教士好庇護教民，領事官好庇護教士，明年法國換約，須將傳教一節加意整頓。」

○十月初九日，召見於養心殿。

皇太后問：「你幾時起程赴江南？」

對曰：「臣明日進內隨班行禮畢，後三日即起程赴江南。」

問：「江南的要緊，望你早些兒去。」

對曰：「即日速去，不敢耽擱。」

〔註 157〕殷夢霞、李強選編《外國人著清史八種》，第四冊，第 502～503 頁。
〔註 158〕有闕文。

問：「江南也要練兵。」

對曰：「前任督臣馬新貽調兵二千人，在省城訓練，臣到任當照常訓練。」

問：「水師也要操練。」

對曰：「水師操練要緊，海上現造有輪船，全未操練，臣去擬試行操練長江之中，擬擇要隘處造礮臺，海面雖安靜，也須設法防守。」

問：「你從前用過的人，此刻好將尚多麼？」

對曰：「好將現在不多，劉松山便是好的，今年蹧蹋了，可惜。」

曰：「實在可惜。文職小官也有好的麼？」

對曰：「文職小官，省省都有好的。」

問：「水師還有好的麼？」

對曰：「好將甚少，若要操練，須先多求船主。」〔註159〕

曾國藩說的「法國羅使」指法國公使羅淑亞。

上述這些對話中並未說明哪句話具體是哪位太后說的，所呈現的是兩人的集體形象。不過據時人薛福成所說「東宮見大臣吶吶如無語者」〔註160〕，可能大多是慈禧太后所言。

書中再述兩宮皇太后是《今帝紀》中。載湉於光緒「元年正月廿日即位，歲五歲，東宮慈安皇太后，西宮慈禧皇太后垂簾聽政。（或曰：慈安精明，慈禧柔婉，多涉書史，又善書。）」〔註161〕註釋中的「或曰」應是作者瞭解到的時人傳聞之言，慈禧和慈安兩太后的形象終於有了區別，然而政治人物是複雜的，此形象或有一定偏差。如薛福成在其《慈安皇太后聖德》一文中記，被處斬的大學士肅順「以皇太后渾厚易制」，「不意其先發制之」。「是時天下稱東宮優於德，而大誅賞大舉錯實主之；西宮優於才，而判閱奏章、裁決庶務及召對時諮訪利弊悉中竅會。東宮見大臣吶吶如無語者，每有奏牘必西宮為誦而講之，或竟月不決一事，然至軍國大計所關及用人之尤重大者，東宮偶行一事，天下莫不額手稱頌。」「曾、李、左三公錫封侯伯實出東宮之意，而西宮亦以為然。」「西宮太后性警敏，銳於任事，太后悉以權讓之，頹然若

〔註159〕殷夢霞、李強選編《外國人著清史八種》，第四冊，第503～505頁。

〔註160〕薛福成《庸盦筆記》卷二，見《續修四庫全書》第1182冊，上海古籍出版社2002年版，第622頁。

〔註161〕殷夢霞、李強選編《外國人著清史八種》，第四冊，第523頁。

無所與者，後西宮亦感其意，凡事必諮而後行。」〔註 162〕另一方面，從慈禧太后鐵腕統治清廷近半個世紀的史實來看，「柔婉」也並不貼切。此外，慈禧太后手書諭旨屢見錯別字，語句常不通順，世間流傳的書畫作品多為代筆或贋品，王開璽教授指出：「慈禧太后的文化素養不高，其書法繪畫水平亦處於初學者階段」，不過「與清廷的其他后妃相比，仍屬文化學養與綜合素質較高的佼佼者」。〔註 163〕

6. 錢謙益

該書附傳目錄末尾稱：「錢謙益、塔齊布、向大臣、羅澤南、江忠源傳見于紀中。」〔註 164〕鑑於作者專門提出這五人，以下分述紀中其事。

《世祖紀》中述：順治「三年，定故明宗室卹典。故明禮部侍郎錢謙益，仍以原官管內翰林院學士事（明年病免里居，以明史自任，一旦燼于火，乃歸心仏乘自遣。及其死，諸惡少詬誶責逋，姬柳如是中夜刺血書詔〔註 165〕牘，且日遣足詣郡邑告難。自縊，郡邑捕諸惡少問殺人罪，皆遁竄。所著文字，乾隆中焚毀。）」〔註 166〕。篇幅很短但信息量頗豐富，除錢謙益外，並述及柳如是和乾隆朝文字獄事。不過細節有誤，錢謙益以原官管秘書院事在順治三年正月，稱疾回籍在同年六月，並非「明年」。他和柳如是同卒於康熙三年。

7. 塔齊布

咸豐三年十一月，「曾國藩督軍衡州……銳意規畫，共募水勇四千人，終肅清江面以成大功，分為十營，又募陸勇五千人，亦十營，以塔齊布為先鋒，侍郎親自統軍發衡州，水陸夾江而下」〔註 167〕。侍郎即指曾國藩。是年塔齊布以游擊升用，署參將，賞副將銜。

四年二月，「岳州復陷。時楊逆遣石祥貞〔註 168〕會漢、黃各賊舍武、馬而溯江直上，二月初一日陷岳州，分入湘陰城。塔齊布時為副將，聞警投袂起，

〔註 162〕薛福成《庸盦筆記》卷二，見《續修四庫全書》第 1182 冊，上海古籍出版社 2002 年版，第 622～623 頁。

〔註 163〕王開璽《慈禧太后的文化學養》，見《清史鏡鑑》（第八輯），國家圖書館出版社 2015 年版，第 220 頁。

〔註 164〕殷夢霞、李強選編《外國人著清史八種》，第三冊，第 57 頁。

〔註 165〕應為「詒」。

〔註 166〕殷夢霞、李強選編《外國人著清史八種》，第三冊，第 157 頁。

〔註 167〕殷夢霞、李強選編《外國人著清史八種》，第四冊，第 200 頁。

〔註 168〕應為「禎」。

帥兵千三百，會同水師血戰五晝夜，殺溺賊數萬。時微此捷，賊溯湘源以達粵賊先巢，直下金陵，首尾一江相貫注，大局將不可支云」〔註169〕。「楊逆」指楊秀清。

四月靖港之戰後，「曾國藩回長沙重整水陸各軍，因言：『吾水陸萬人非不多，而遇賊即潰。岳州之敗，水師拒敵者，楊載福一營；湘潭之戰，陸師塔齊布兩營，水師楊載福兩營。用此益知兵貴精不貴多。』」〔註170〕塔齊布以湘潭戰功加總兵銜。

八月，「……遂定議塔提督督剿崇逆，曾侍郎偏搜支湖小河，屢有捷報，八月初四日會師崇陽下，立復縣城，生擒偽丞相金之亨等十一名，惟逆首廖二逃。塔提督令吳振鏞等暫駐崇陽，會同知縣鈕芳招撫流民，搜捕餘匪。詎廖工〔註171〕勾結餘黨，回攻縣城。十一日，崇陽復陷。○曾國藩督水陸大戰，同日克復武昌、漢陽兩城，並楚軍收復黃州府、武昌縣。……塔齊布別攻克洪山，遂進薄武昌城，環城賊壘悉破平之，城內之賊果宵遁，遂收復武昌城。漢陽亦楊昌泗攻克之。兩城克復，午未之間耳。上諭：楚省大局已定，亟應分路進剿，由九江、安慶直抵金陵。沿江剿賊之事，朕以責之曾國藩、塔齊布……」〔註172〕塔齊布於五月署湖南提督，旋實授。

十一月黃梅之役，「齊布怒馬衝陣，手斬賊酋，面中石，血不已，督益激，遂拔城。曾國藩疏陳戰狀，詔戒其輕進。齊布讀之感泣」〔註173〕。此處與《清史攬要》同用不妥之簡稱「齊布」。

咸豐五年「七月，湖南提督塔齊布卒於軍。提督由侍衛升副將，著戰功超升提督。是月，備雲梯數百、其他攻具，圖大舉。七月十八日，傳令攻九江城，未出師，忽患心悸，半日而卒，年三十九。為人忠孝，涅『忠臣報國』字於左臂，居常恂恂如，及臨陣先士卒，他軍或卻，必策馬馳救。常負火槍、佩雙刀、提長矛，用之精妙無虛發。」〔註174〕塔齊布初由火器營鳥鎗護軍授藍翎侍衛，升三等侍衛。咸豐元年以湖南綠營都司用，四年即升至提督。後半段所述與《清史攬要》略同。

〔註169〕殷夢霞、李強選編《外國人著清史八種》，第四冊，第204頁。
〔註170〕殷夢霞、李強選編《外國人著清史八種》，第四冊，第206頁。
〔註171〕應為「二」。
〔註172〕殷夢霞、李強選編《外國人著清史八種》，第四冊，第214～217頁。
〔註173〕殷夢霞、李強選編《外國人著清史八種》，第四冊，第219頁。
〔註174〕殷夢霞、李強選編《外國人著清史八種》，第四冊，第228～229頁。

8. 向榮

《宣宗紀》未述：道光三十年十月，「慶遠、思恩、南寧等府土匪正熾，廣西提督向榮馳往剿辨」〔註 175〕。「十二月，上以廣西賊勢漸眾，復派前漕運總督周天爵署廣西巡撫。時金田賊眾裹脅日多，附近各邨紳富搜括靡遺。周總督察其為勁匪，咨商向提督自橫州旋師，專剿金田之賊。」〔註 176〕「金田賊」指太平軍。

《文宗紀》述：咸豐元年「正月，洪秀全等由金田出闖至大黃江，向提督進攻，賊眾兵單，守備王崇山等陣亡」〔註 177〕。

「八月，向提督欲乘勝直擣花雷等賊巢，巴都統以五不可議止之。遲五日始進兵，賊於風門坳築壘，為負嵎死守計，我兵三路奮攻，賊始遁竄，我兵分路追之，烏都統軍阻於山內。向提督軍遇賊，因大雨敗，軍仗盡失。賽大臣奏參，革職留營効力。達都統與烏都統不相合，接戰復挫衂。巴都統病甚，施〔註 178〕薨。向提督於平南整理軍械，留十餘日始行。賊趨永安。」〔註 179〕巴都統指巴清德，達都統指副都統達洪阿。烏都統指副都統烏蘭泰，書中寫為「烏蘭太」〔註 180〕。賽大臣指欽差大臣賽尚阿。

二年「三月，賊犯廣西省城。楊秀清由小路攻桂林，韋昌輝率賊千餘人追奪洪大全不及，亦趨桂林。向提督策賊必犯省城，率親兵繞道介馬疾馳（奧〔註 181〕西諸將惟向提督老於軍事），先一時晉省，賊踵至，會同巡撫、副將等晝夜守禦。賊營在象鼻山，架砲轟擊，鉛丸如雨，城中官民靜守不為動。賊近城布雲梯，輒爇油燔之。賊又以大竹製呂公車，高與城齊，數十人登車均攻，我兵以槍砲對擊，復紮長竿縛火炬燒之，賊焦爛墜死。相持三十一日，乘夜解圍去。」〔註 182〕書中未述其後向榮因託病避戰被革職，旋即起復命援湖南事。

「三年正月，授向提督榮為欽差大臣，復命前大學士琦善為欽差大臣，

〔註 175〕殷夢霞、李強選編《外國人著清史八種》，第四冊，第 159 頁。
〔註 176〕殷夢霞、李強選編《外國人著清史八種》，第四冊，第 161 頁。
〔註 177〕殷夢霞、李強選編《外國人著清史八種》，第四冊，第 172 頁。
〔註 178〕應為「旋」。
〔註 179〕殷夢霞、李強選編《外國人著清史八種》，第四冊，第 173 頁。
〔註 180〕殷夢霞、李強選編《外國人著清史八種》，第四冊，第 172 頁。
〔註 181〕應為「粵」。
〔註 182〕殷夢霞、李強選編《外國人著清史八種》，第四冊，第 175～176 頁。

由河南進剿，以防北犯。賊陷武昌後，向大臣日夜攻之，賊不能久踞，欲由襄樊北趨，偵知河南重兵扼守，遂於三年正月二日，洪秀全棄武昌東下……」〔註183〕「向榮進至金陵結營，號江南大營。」〔註184〕「三月，向大臣擊賊於通濟門，大捷。」〔註185〕授向榮為欽差大臣在咸豐二年底。

四年，「江南軍克復太平府。金陵逆分股嘯聚於太平府，勢張甚，鎮江逆亦久困思竄，議遙為應援，同犯大營。向大臣詗知其約，分兵為四隊，分四路抵當，親督接應，大破之，斃其偽國宗韋得玲、偽將軍李長有等，遂於七月十四日克復府城」〔註186〕。

六年三月，「安徽寧國府陷，皖南逆氛復熾，向大臣派兵馳剿。二十日，李元慶克東鄉縣，二十三日，彭玉麟、黃虎臣克建昌」。「江蘇巡撫吉爾杭阿擊金陵援賊於鎮江高姿，力戰死之。……向大臣聞之，遣總兵張國樑會救，克之，賊竄回金陵。」〔註187〕

「五月，賊已回金陵，議夾攻以撼我大營，於是鎮江之賊從東而西、江寧之賊從西而東，漂〔註188〕水、大小關、金桂、黃馬等處之賊旁出衝擾。向大臣因分剿寧國、漂水屢經抽撥，所部兵力過單，不能止遏，會紫荊山群匪攻七橋甕，大營官兵正併截殺，各營同時火起，兵勇潰散，退入丹陽。〇大軍已移營丹陽，嬰城固守，而賊重圍密壘，勢甚鴟張，有以退保勸者。向大臣太息曰：『吾病不能進，何顏更南走？當死於此耳。』遂以軍事付張國樑。國樑勵諸將曰：『主帥病危，眾皆怠。諸君如舍生努力，必能取捷！』諸將皆諾。乃偕出戰，果大破賊，斬數千人。榮謂國樑曰：『汝才足辨賊，吾死何憾？』復踴身疾呼曰：『終負朝廷恩！』一慟而絕。向大臣自道光三十年調任廣西提督，即剿粵逆，追賊東下，直抵金陵，大小千百戰，嘗自鐫私印曰『勢滅此賊』，乃大功未定，竟以積勞殞於軍。江左民紳以數歲勤勞，為東南保障，實能禦災捍患，請入祀江蘇名官〔註189〕祠。」〔註190〕所述較《清史攬要》更

〔註183〕殷夢霞、李強選編《外國人著清史八種》，第四冊，第180頁。
〔註184〕殷夢霞、李強選編《外國人著清史八種》，第四冊，第182頁。
〔註185〕殷夢霞、李強選編《外國人著清史八種》，第四冊，第184頁。
〔註186〕殷夢霞、李強選編《外國人著清史八種》，第四冊，第212～213頁。
〔註187〕殷夢霞、李強選編《外國人著清史八種》，第四冊，第238～239頁。
〔註188〕應為「溧」，下同。
〔註189〕應為「宦」。
〔註190〕殷夢霞、李強選編《外國人著清史八種》，第四冊，第239～240頁。

為詳細。

9. 羅澤南

咸豐三年，「逆圍南昌，並分賊入腹地。江臬司飛書湖南請援，曾侍郎、駱巡撫派湘勇二千、楚勇一千，配以鎮篁兵八百馳援。湘鄉縣諸生羅澤南復率其弟子、鄉人，自成一軍，七月廿一日抵南昌。因進兵太銳，易良幹等歿於軍。適吉安土匪滋擾，圍城甚急，獲諜知與粵逆通，江臬司急檄湘軍赴援，至吉安一戰解圍，復分剿太和、安福之賊，悉平之。是為湘勇出境剿賊之始。」〔註 191〕「逆」指太平軍，江臬司指江忠源，曾侍郎指曾國藩，駱巡撫指駱秉章。

四年，「……羅澤南等直擊高橋賊營，賊奔城陵磯，我兵追剿，逆出隊二萬人拒敵，搭〔註 192〕提督策馬直入，湘勇繼之，適大雨如注，東南風大作，乘風奮擊，隔竹簽數丈壕溝兩重，大呼躍入，殺聲與風雨聲相應，震動天地，共前後踢毀賊營十三，斃賊二千人。陸軍既勝，水賊喪膽……自此由荊入川、由岳入湘之門戶始固」〔註 193〕。

八月，「曾國藩督水陸大戰，同日克復武昌、漢陽兩城，並楚軍收復黃州府、武昌縣。時曾國藩進駐金口，塔齊布、羅澤南破賊於橫橋，遂與曾國藩會議取武昌之策。羅澤南袖圖進，曰：『洪山、花園兩路皆賊重兵所在，花園瀕江，環城尤賊勢所注，賊壘九座，每壘數千人，長壕巨障，袤延數里。吾所部不滿三千，以當洪山之賊有餘，以擊花園不足，請與塔將軍分任之。花園、洪山賊壘破，武昌無自固之勢，賊將自遁，無憂也。』曾國藩曰：『羅君勝算，虜在吾目中矣！花園賊壘仍煩君一行，請加派兵二千以助君。』……澤南令軍士皆手槍持滿伏地行，近壘始起立施槍，前者既登，後者繼進，賊眾自亂，自辰至酉，九壘皆克……」〔註 194〕

「九月，下流逆賊知官軍分路進剿，由田家鎮糾黨六千餘人，半自興國分抄大治〔註 195〕，以拒武昌官軍；半踞興國，以拒金牛官軍。羅澤南等馳抵興國境，遇賊追殺千餘，遂克州城。塔提督赴大冶，躍馬突陣，立斬逆首於馬下，

〔註 191〕殷夢霞、李強選編《外國人著清史八種》，第四冊，第 194～195 頁。
〔註 192〕應為「塔」。
〔註 193〕殷夢霞、李強選編《外國人著清史八種》，第四冊，第 212 頁。前頁為混入的《清朝實錄》，故該段缺開頭。
〔註 194〕殷夢霞、李強選編《外國人著清史八種》，第四冊，第 214～216 頁。
〔註 195〕應為「冶」。

由縣城北關追至南關，斃賊千餘。蘄州賊黨窺我水師距陸軍稍遠，將圖撲犯，楊載〔註 196〕等乘其未至而擊之，直抵蘄州，燒賊船九十餘艘，以陸軍未至而還。」〔註 197〕

「十月，楚南軍破半壁山賊，拔田家鎮，收復蘄州。田家鎮之東有半壁山，孤峰峻峙，俯瞰大江，一夫守之，百人愕怍。羅澤南、塔提督攻敗之，曾國藩慮陸軍勢孤，派楊載等水師衝蘄州賊壘而下，至田家鎮會陸師。……陳玉成棄城，竄至廣浙〔註 198〕，聯合偽燕王秦日綱、偽丞相羅大綱等分守各要隘，塔提督進剿，收復廣濟，賊退踞黃梅。黃梅為湖北、江西、安徽三省總滙之區，三賊首併力死拒，塔齊布與羅澤南於十一月初四日擊敗之，遂克黃梅。」〔註 199〕

十二月「初六日，胡林翼、羅澤南破賊於梅家州，水師大捷於湖口，破其木簰賊卡。十二日，水師舢板駛入鄱陽湖，追賊至太姑塘，賊築壘斷其後路，遂與外江水師隔絕。二十五日，九江賊見水師戰船集北岸，連營二十餘里，聲威甚壯，乃於是夜以小舟襲我營。曾國藩座船陷於賊，文卷蕩然無存，急棹小舟馳入羅澤南營以免。曾國藩欲以身殉國，草遺疏千餘言，羅澤南力諫乃止，因上疏自劾」〔註 200〕。

五年，「羅澤南剿賊於景德鎮，賊犯徽州，徽州居環山之中，地勢險阨，賊未敢輕犯，有土匪為鄉導，遂致失守，浙軍收復之，遂克婺源等賊」〔註 201〕。「賊陷義寧，都司吳錫光往援，全軍覆沒。錫光素有驍名，已死，〔註 202〕西軍喪氣，按察使羅澤南代之進勦，遇賊梁口，澤南張三伏破之，斬數百人。進據雞鳴峰，義寧全城在目中，又大戰，殪七千人。次日復薄戰破之，悉焚沿江壘柵。是夕賊棄城走，遂復義寧，以功加布政使。」後半段所述與《清史攬要》略同，所加應為布政使銜。

「八月，羅澤南上書陳利害，以為東南大勢，尤……」〔註 203〕「……賊

〔註 196〕漏「福」字，下同。

〔註 197〕殷夢霞、李強選編《外國人著清史八種》，第四冊，第 217～218 頁。

〔註 198〕應為「濟」。

〔註 199〕殷夢霞、李強選編《外國人著清史八種》，第四冊，第 218～219 頁。

〔註 200〕殷夢霞、李強選編《外國人著清史八種》，第四冊，第 221～222 頁。

〔註 201〕殷夢霞、李強選編《外國人著清史八種》，第四冊，第 227 頁。

〔註 202〕漏「江」字。

〔註 203〕殷夢霞、李強選編《外國人著清史八種》，第四冊，第 229 頁。下頁排版錯誤，誤印《清朝實錄》。

壘未下，澤南謂湖口諸軍但當堅守，不宜數攻，乞公戒諸將堅弗動，公悉從之，檄寶勇千五百人助澤南西行。劉蓉亦偕郭嵩燾送至柴桑村，因言：『江西三面距賊，此軍去必能支，計將何出？』澤南曰：『曾公所治水師，幸能自立，但留曾公一人在，均無所計。天苟未忘本朝，此老必不死。』……羅澤南部署援鄂之師，分三營，合為五千人，自義寧趨通城。」〔註 204〕「乞公」「公悉從之」之「公」指曾國藩。

九月「初六日，羅澤南克通城。十四日，克崇陽縣。適湖南援鄂之師潰於羊樓司，十月初三日，羅澤南破賊於羊樓司，逆首石達開合悍賊二萬餘人，自蒲圻分道來侵，羅澤南派兵迎擊之，斃二千餘人。十月十九日，克復蒲圻縣。十一月十一日黎明，乘霧進兵，遂克復咸寧縣城，餘匪遁歸武昌。」「羅澤南克咸寧縣，乘勢至金口，與胡林翼會攻武昌，大破城外賊壘，駐營洪山。」「楚軍分攻武昌、漢陽，水陸獲勝。……其武昌之賊，胡巡撫與羅澤南盡破賊壘，晝夜環攻，不令少息，武漢各營兵勇皆有臨戰不懷生之概，為前所未有者。」〔註 205〕胡巡撫即胡林翼。

六年三月「初八日，布政使羅澤南攻武昌，屯洪山，賊乘夜襲之，營兵桀石投之，登者皆殪。嗣後每夕必至，澤南設伏破之，賊不復犯。是月，澤南欲扼窯灣，賊爭出，大戰小龜山，斬七百人。賊又出萬人突陣，澤南力戰，殺數百人，追至城下，賊亦乘霧出城，澤南搏戰走之。會守壘兵少，賊伺之，大舉來犯，澤南擊破之，再追至城，霧中搏戰，偶砲彈中額，而氣益振，裹創力戰，歸營劇甚，臨死執胡林翼手曰：『武漢未定，江西復危，不能南〔註 206〕顧，死何足惜？恨事未了耳，其與迪庵好為之。』迪庵，李續賓字也。語畢而瞑。澤南，湖西〔註 207〕湘鄉諸生，質樸深沈，講究程朱之學，通知世務，期見諸行事。在軍毅然以滅賊自任，所部將兵皆其鄉黨信從，故所向有功，前後克城二十，大小二百餘戰。其臨陣以堅忍勝，如其為學。或問制敵之術，曰：『無他，觀《大學》知止數語盡之矣。左氏再衰三竭之言，其注腳也。』故能以書生摧巨寇，率生徒數十人轉戰大江南北，湘勇之名震天下。國初所用皆八旗及東三省兵、各直省綠旗兵，嘉慶初平定川楚教匪，始以鄉勇輔兵之不足，然十僅二

〔註 204〕殷夢霞、李強選編《外國人著清史八種》，第四冊，第 231 頁。
〔註 205〕殷夢霞、李強選編《外國人著清史八種》，第四冊，第 231～233 頁。
〔註 206〕應為「兩」。
〔註 207〕應為「南」，《清史攬要》同誤。

三耳。迨粵逆亂，楚勇湘勇名天下，營兵反為世詬病，此兵制之一變也。而楚勇始自江忠源，湘勇自羅澤南始」〔註 208〕。此段所述與《清史攬要》相近而有同誤者，或為同一史源。

同治三年，清軍攻破天京後，上諭中稱：「……曾國藩自咸豐三年在湖南首倡團練，創立舟師，與塔齊布、羅澤南等屢建殊勳，保全湖南郡縣，克復武漢等城，肅清江西全境……」〔註 209〕此為清廷追念前功，對塔齊布、羅澤南兩人的褒揚。《清史攬要》未引此諭。

10. 江忠源

咸豐二年四月全州之戰後，太平軍「時將順流而下趨長沙，浙江知縣江忠源督湘勇援全，不得進，乃駐兵下游蓑衣渡，伐木為堰，伏西岸。賊舟過，擊之，鏖戰兩晝夜，斃賊千餘人，馮雲山中砲死，賊棄船由東岸赴道州。自有此捷，長沙得為備，衡、永防兵始安。」〔註 210〕江忠源曾任浙江秀水、麗水知縣，時以父憂去官。

三年正月，「詔授江忠源為湖北按察使，飭赴江南大營幫辦軍務」〔註 211〕。五月，太平軍「進圍南昌。時湖北臬司江忠源銜命赴金陵大營，抵九江，聞南昌圍，即抗疏改道援江西。夜至南昌，凡三晝（夜）行五百里。賊望旂幟，驚曰：『江妖來何速也？！』賊呼以官為妖，故云。忠源入城，賊舟蔽江而至，薄城轂擊，復用地雷壞城，肉薄而登，忠源與弟忠濟力戰，賊死傷山積。有營兵謀縋城走者，立斬以徇。五月二十日，分三路出城直攻賊隊，二十一日、二十八日再戰均捷，人心始安。六月初二日，三路進擊，斃賊數百，同時遣守備封九貴焚賊船，城上砲擊助之。賊復用地雷於得勝門外，轟蹋城牆六丈餘，蜂擁而上。江臬司同弟忠濟率楚勇首先抵禦，殘戮極眾。賊退，即將闕口修繕完固」〔註 212〕。所述較《清史攬要》更為細緻。

十一月，「曾國藩督軍衡州，念賊擾長江，非水師莫能制其死命，遂用江忠源所建三省會剿，議治戰艦於衡、湘」〔註 213〕。該書未述江忠源三省會剿

〔註 208〕殷夢霞、李強選編《外國人著清史八種》，第四冊，第 235～237 頁。
〔註 209〕殷夢霞、李強選編《外國人著清史八種》，第四冊，第 391 頁。
〔註 210〕殷夢霞、李強選編《外國人著清史八種》，第四冊，第 176 頁。
〔註 211〕殷夢霞、李強選編《外國人著清史八種》，第四冊，第 182 頁。
〔註 212〕殷夢霞、李強選編《外國人著清史八種》，第四冊，第 188～189 頁。
〔註 213〕殷夢霞、李強選編《外國人著清史八種》，第四冊，第 200 頁。

之策的內容，不如《清史攬要》〔註 214〕敘事明晰。

十二月，「安徽廬州府城陷，巡撫江忠源死之。巡撫以廬州事急上疏，僅率開化鎮筸勇數百星馳入城。廬民聞江巡撫至，爭登陴捍衛者萬人。楊逆遣偽豫王胡以晄率黨十餘萬圍廬。巡撫巡城，以水西門當賊衝，自部親信勇駐之。賊穴東城門，復穴水西門，城崩數丈，巡撫手大旗緣陴上，連斃賊，城卒完。疏陳守禦狀，乞援師。先是，壽春鎮丘玉山〔註 215〕以滁州戍卒援拱辰門，戰死；陝甘總督舒興阿率萬五千人駐岡子集，屢戰皆北；鶴麗鎮總兵音德布自六安馳援，亦敗於棗林。巡撫弟忠濬、同知劉長佑自湖南募勇至，營西平門外之五里墩，遣卒挾白鏹油燭，夜半縋城入，且告援師已至，都司戴文蘭亦自湖北以五十八人懷鏹入城。城〔註 216〕賊騎充斥，援師中隔，卒不得薄城。賊圍月餘，十二月十六日夜，再穴水西門，城崩，賊緣城直上，江巡撫揮兵相搏，天且明，霧蔌蔌如雨，左右血刃擁巡撫行，巡撫知事不濟，手劍自刎，不殊。有健兒負之走，嚙其頂脫身，投古塘死。同死者，布政使劉裕〔註 217〕、知府陳〔註 218〕究、藩司〔註 219〕李本仁、同知鄒漢勳、胡子雝，副將松安、都司戴文藺〔註 220〕、司馬良〔註 221〕，縣丞艾延輝、興福等。初，忠源過曾國藩，語移時去，國藩目送曰：『平生未見如此人，必當立名天下，然當以節烈死。』及忠源死，賜謚忠烈。」〔註 222〕江忠源於是年九月任安徽巡撫。此段敘事遠較《清史攬要》詳細，而其中多漏字誤字。

11. 李鴻章

作為《清朝史略》成書時仍無法蓋棺定論的人物，晚清重臣李鴻章沒有獲得立傳的資格，但這不妨礙其史事在紀中記述，其形象得到刻畫。

〔註 214〕殷夢霞、李強選編《外國人著清史八種》，第五冊，第 164 頁。

〔註 215〕當為「壽春鎮總兵玉山」。

〔註 216〕眉批：「『城』下疑脫『外』字。」

〔註 217〕漏「珍」字。

〔註 218〕漏「源」字。

〔註 219〕藩司即布政使，當書「前藩司」或「前任布政使」。

〔註 220〕當為「蘭」。

〔註 221〕《清史稿》作「參將馬良勳」，《清史稿校註》列出數種記其為都司的史料，同時列出數種記其為參將的史料，見《清史稿校註》，臺灣商務印書館 1999 年版，第 13 冊，第一〇〇九二頁。另外，薛福成《庸盦筆記》卷一亦作「都司馬良勳」，見《續修四庫全書》第 1182 冊，上海古籍出版社 2002 年版，第 605 頁。

〔註 222〕殷夢霞、李強選編《外國人著清史八種》，第四冊，第 201～202 頁。

和《清史攬要》一致，李鴻章的出場在咸豐四年，十二月「初九日，皖軍克含山縣。福巡撫久攻廬州不下，欲斷其接濟，先取含山、巢縣，以地遠勢險難其人。翰林院李編修鴻章，合肥人，有膽識，嫻韜略。時在廬州戎幕，慷慨請行，福巡撫壯之，令帶衛〔註 223〕千總莫青雲等練勇，會佐領輯順帶吉林馬隊，繞道赴含山，遂克復縣城，移兵攻巢縣。」〔註 224〕福巡撫指安徽巡撫福濟。《清史攬要》此處對李鴻章的評價是「有膽量，嫻韜略」〔註 225〕。

同治元年正月，「曾國藩疏薦福建延邵建道李鴻章才大心小，勁氣內斂，堪當封疆重寄，擬酌數千人駛赴下游以資援剿，令其署理江蘇巡撫，奉旨俞允。先是，李鴻章贊公幕府，疏請興辨淮揚水師，事未果行。咸豐十一年十月，江蘇舉人錢鼎銘來皖乞師，曾國藩以鴻章才足辨賊，且淮南風氣剛勁，欲另立一軍，以為中原平寇之用」〔註 226〕。此述淮軍緣起。

關於同治二年蘇州殺降事，該書如此記述：「時降酋之列名者八人，精壯猶逾十萬」，程學啟「密白鴻章恐不可制，必誅之以定眾」，李鴻章「受謁，察其狀誠叵測，乃駢戮焉。各軍搜戮拒命者復二千餘人」。〔註 227〕所記太平軍被殺人數較《清史攬要》準確。

同治八年，「李鴻章出軍餉餘米大賑山東之民，奏免被賊州縣同治六年以前民欠漕賦丁銀」。「賊」指捻軍。是年記事中述：「淮軍之始也，於同治元年，其營制一准楚勇，規模皆以五百人為一營。至李鴻章創設銕廠、機器局，一切軍械皆仿西洋製造，遂改劈山炮隊為開花砲隊，抬槍小槍隊為洋槍隊，從此火器之勝甲於諸軍，以此戰勝攻取，所向無前。……淮軍之精於炮火也，以李鴻章僱募英法弁兵教練洋槍隊始。」〔註 228〕對李鴻章倡導洋務運動，進行軍事近代化的努力有所提及。書中其餘述李鴻章事與《清史攬要》略同之處，茲不贅述。

12. 左宗棠

增田貢《清史攬要》及《滿清史略》均有把左宗棠一人拆分成左宗棠及「左

〔註 223〕衍字。
〔註 224〕殷夢霞、李強選編《外國人著清史八種》，第四冊，第 221 頁。
〔註 225〕殷夢霞、李強選編《外國人著清史八種》，第五冊，第 168 頁。
〔註 226〕殷夢霞、李強選編《外國人著清史八種》，第四冊，第 311 頁。
〔註 227〕殷夢霞、李強選編《外國人著清史八種》，第四冊，第 358 頁。
〔註 228〕殷夢霞、李強選編《外國人著清史八種》，第四冊，第 493～495 頁。

京堂」兩人之誤〔註229〕，佐藤楚材雖無此誤，而左宗棠在《清朝史略》中的首次出場也是令人迷惑的：咸豐九年三月，「駱巡撫與邑紳左京堂、今閩浙總督宗棠等星檄諸郡，一月內成軍四萬餘人，擇隘設守，官大臣等復調撥黑龍〔註230〕、吉林馬隊，派知府率水師礮船三十二艘，剋期會長沙」〔註231〕。「邑紳左京堂、今閩浙總督宗棠」這個稱呼很不得體，很像兩個人，好在該書其後並無「左京堂」之事。

十年四月，「曾國藩疏薦左宗棠剛明耐苦，曉暢兵機，請破格錄用。奉旨：左宗棠以四品京堂候補，襄辨曾國藩軍務」〔註232〕。

次年正月，「左宗棠大破賊於樂平，三戰皆捷，斬馘數萬。賊遁，圍建昌、撫州，攻之不下，遂陷吉安。官軍旋復之，乃陷瑞州府踞之，於是祁門之路初通。曾國藩薦左宗棠改為幫辨軍務，俾事權漸屬，儲為大用。報可」〔註233〕。

其後記述與《清史攬要》略同。在太平軍、捻軍先後被鎮壓之後，同治八年，「是年，陝甘總督左宗棠勦甘肅回匪，匪首馬化龍等盤踞雲州金積堡，官兵擊破之，斬獲二千餘人」〔註234〕。

超出增田貢兩書時間範圍的《今帝紀》中述：光緒二年，「欽差大臣、大學士、督辨新疆軍務、陝甘總督、一等恪靖伯、加一等輕車都尉臣左宗棠，幫辨新疆軍務大臣、頭品頂戴、烏魯木齊都統臣金順跪奏：竊惟官軍會師攻克瑪納斯南城大概情形，臣宗棠七月十五日率所部馬步各隊，馳抵瑪納斯南城……」〔註235〕次年「四月，喀什噶爾酋阿古柏死於克拉〔註236〕營中。阿古柏雄悍有才略，與俄國通商，信從者眾，且雲南回匪殘徒歸之，軍威大振，攻克拉沙，奪其地而據，屢寇邊疆。陝甘總督左宗棠發兵五萬討之，駐蘭州近傍，接印度〔註237〕。宗棠聞阿古柏死，其子古立柏聞望未著，勢將瓦解，乘此欲

〔註229〕詳見趙晨嶺《晚清日本漢文清史專著舉要——增田貢〈清史攬要〉〈滿清史略〉比較研究》，花木蘭文化出版社2022年版，第138、191頁。

〔註230〕漏「江」字。

〔註231〕殷夢霞、李強選編《外國人著清史八種》，第四冊，第273～274頁。

〔註232〕殷夢霞、李強選編《外國人著清史八種》，第四冊，第284頁。

〔註233〕殷夢霞、李強選編《外國人著清史八種》，第四冊，第291頁。

〔註234〕殷夢霞、李強選編《外國人著清史八種》，第四冊，第501～502頁。

〔註235〕殷夢霞、李強選編《外國人著清史八種》，第四冊，第526～527頁。

〔註236〕漏「沙」字。

〔註237〕或有闕文。

一鼓蕩平，進兵于天山之北〔註238〕」〔註239〕。克拉沙亦作喀喇沙爾，即今新疆焉耆。

「四年」，「左宗棠克復南路西四城」，紀中隨後記錄的上諭稱：「……左宗棠等督飭各軍次第掃蕩，回境各城一律肅清，恂堪上慰在天之靈，下孚薄海臣民之望，實深欣幸。該領兵大臣等櫛風沐雨，艱苦備嘗，允宜特沛殊恩，用酬勞〔註240〕。欽差大臣、大學士、陝甘總督左宗棠，著加恩由一等伯晉為二等侯……」〔註241〕。此述左宗棠收復新疆之功。克復新疆南路西四城實在光緒三年冬。

13. 劉松山及劉錦棠

前著《晚清日本漢文清史專著舉要——增田貢〈清史攬要〉〈滿清史略〉比較研究》中曾引述了《清史攬要》讀者、清朝首任駐日使館參贊黃遵憲的發現：「《攬要》中一二錯誤，亦所不免。如近來劉公錦棠方從左侯以平定西域，功封二等男爵，今在烏魯木齊。而大著中云其人既戰亡，此亦誤也。」使館隨員沈文熒則寫道：「近年軍務，僕輩尚能記憶，所知之事，當訂正之。劉錦棠之叔松山於同治十年克復金積堡一役陣亡，恐因此而誤。」〔註242〕

筆者查閱，劉松山、劉錦棠事不見於影印本《清史攬要》及《滿清史略》，應是經過修訂而被刪除，而類似的錯誤居然在佐藤楚材《清朝史略》中出現：同治「九年，陝甘提督劉錦棠勦逆回，賊據馬五寨，錦棠圍攻之，有援賊以步騎二千襲官軍後，即令李占椿等左右抄擊，火器迸發，刀矛繼進。騎賊先奔，步隊仍屹立不動，錦棠急督諸軍舉薪焚其門，策馬疾攻。有流丸中左乳，墜馬，兵士負入破屋中。部將周國勝等來視。錦棠叱曰：『速督所部強攻！毋顧我，亂行列！』國勝等含涕而出，四面梯登，縱火攻之，遂生擒賊目。錦棠聞之曰：『吾傷已重，不得復治，爾等殺賊報國，我死不恨。』」〔註243〕此當為劉松山事，時任廣東陸路提督。金積堡克復在同治十年，其卒則在前一年，沈文熒記憶有誤。

〔註238〕應為天山之南。

〔註239〕殷夢霞、李強選編《外國人著清史八種》，第四冊，第537頁。

〔註240〕漏「勩」字。

〔註241〕殷夢霞、李強選編《外國人著清史八種》，第四冊，第543頁。

〔註242〕陳錚編《黃遵憲全集》，中華書局2005年版，第805頁。

〔註243〕殷夢霞、李強選編《外國人著清史八種》，第四冊，第501頁。

該書後來又對劉錦棠事蹟有所記載：如「總統湘軍、西寧道劉錦棠」〔註 244〕，「候補一〔註 245〕品京堂劉錦棠，晉為二等男」〔註 246〕。作者和批校者均未發現誤叔為侄的問題。

14. 小于成龍和兩位傅鼐

《聖祖紀》中述：康熙二十八年「九月，以旱免直隸錢糧，諭直隸巡撫于成龍曰：『直隸地方，朕屢豁免錢糧，百姓竟無起色。今年荒旱，比往年更甚，朕在深宮，俯念民生困苦衣食。地方大小各官，遇此荒年，束手無策，于民何益？爾等受國厚恩，為民父母，寧獨不愧于心？當思良法，使貧民不填溝壑，以副朕軫念閭閻至意。』」〔註 247〕清代有兩位名臣都叫于成龍，且他們均任過直隸巡撫。此為漢軍旗人、俗稱小于成龍（1638～1700）之事，他於康熙二十五年巡撫直隸。祖籍山西的老于成龍（1617～1684）則於康熙十九年任直隸巡撫，二十一年擢兩江總督，二十三年卒，《清朝史略》有傳，詳見本章下一節。

此前，康熙「二十五年」，「大學士奏河工事宜，靳輔議開大河，建長堤，高一丈五尺，束水一丈，以敵海潮；于成龍議開濬海口故道。議不畫一，起居注喬萊奏曰：『從于成龍議，工易成，百姓有利無害。』尋命詳問地方父老回奏」〔註 248〕。此亦小于成龍，事當在前一年，時任安徽按察使，他和時任河道總督靳輔提出了不同的治河方法。經過反復討論，玄燁最終選擇了開濬海口之法。

「三十六年」，玄燁親征噶爾丹，「是役，因輓輸重大，特起于成龍以都察院左都御史總統督運中路大兵糧餉。凡內外文武大小官員，聽其調遣，六部不得掣肘。奉旨，領官兵車輛，赴海子操練，共分二十七運。祭纛畢，登壇號令，官兵按隊而行，車輛循陣而進。上有首領，下有護衛，行則不脫不聯，止則守望相助。或有敵犯，擊左則右應，擊右則左應，擊中則左右皆應。先以火攻，次以弓矢，總以長槍，奮勇剿殺。至和爾撥、昂吉爾等地方，荒沙彌漫四百餘里，沙踏至于三四尺，人畜難行，重車愈難。公下令無論大小官員軍民，能伐

〔註 244〕殷夢霞、李強選編《外國人著清史八種》，第四冊，第 531 頁。
〔註 245〕應為「三」。
〔註 246〕殷夢霞、李強選編《外國人著清史八種》，第四冊，第 545 頁。
〔註 247〕殷夢霞、李強選編《外國人著清史八種》，第三冊，第 288 頁。
〔註 248〕殷夢霞、李強選編《外國人著清史八種》，第三冊，第 279 頁。

道左柳枝，用泥沙墊成車路，俾車得行，必案名奏請陞賞。於是公自執佩刀，先伐一柳，隨運官員人等，咸努力用命，數路人畜車輛，安行無恙」。眉批「于成龍運餉」。〔註 249〕所述當在前一年，玄燁第二次親征噶爾丹，其時小于成龍正丁父憂，特旨起用。三十六年第三次親征亦由其運糧。

三十八年，「九月，上以于成龍所繪河圖示大學士」〔註 250〕。時小于成龍任河道總督。佐藤楚材未立其傳，事蹟均在紀中，如讀者不知老于成龍卒年，容易混淆。

除了兩位于成龍，較為知名的清朝大臣中還有兩位姓名都叫傅鼐的，卒於 1738 年的傅鼐為滿洲鑲白旗人，生於 1758 年的傅鼐為順天宛平人，二人在《清朝史略》中均未獲立傳。

《世宗紀》中述雍正十年鄂爾昆河之戰，噶爾丹策零敗後，「策凌急檄馬爾賽于拜達里克河，邀其歸路。時拜達里城中兵萬有三千，儻以數千兵邀擊，可令賊一騎不返也。副將軍達爾濟整兵待發，馬爾齊〔註 251〕不許，副都統傅鼐至跪求，亦不應」〔註 252〕。拜達里城亦作拜里城、拜塔里克，全稱扎克拜達里克城。

十二年，「我兩路大兵暴露久，乃降旨罷征，遣侍郎傅鼐及學士阿克敦報之，先量撤兩路兵。」〔註 253〕此為滿人傅鼐，他是胤禛雍邸舊人，雍正二年升鑲黃旗漢軍副都統，旋授兵部侍郎，次年因辦事不力調盛京戶部。因涉嫌黨附隆科多，五年遣戍黑龍江，九年召回，复侍郎銜，充參贊大臣，十三年授都統銜。弘曆即位授內務府總管，署、任兵部、刑部尚書，乾隆三年因徇私革職遣戍，旋病卒於家。增田貢兩書中均未提其人。

此後書裏所述均為漢人傅鼐，先於《高宗紀》中敘後來嘉慶朝之事：「及嘉慶四年黑苗吳陳受寇邊，于是詔書詰問：『楚苗久奏戡定，何復有糾眾數千連犯邊卡之事？是福康安、和琳前此將就蕆之咎，其嚴懲毋少縱。』自是，湖貴大吏不敢諱用兵，始奏以鳳皇〔註 254〕縣同知傅鼐總理邊務，募勇修碉，悉力禦之。鼐有復總督百齡書曰：『邇者楚苗之變，福、和二大帥，以七省官兵

〔註 249〕殷夢霞、李強選編《外國人著清史八種》，第三冊，第 309～310 頁。
〔註 250〕殷夢霞、李強選編《外國人著清史八種》，第三冊，第 313 頁。
〔註 251〕應為「賽」。
〔註 252〕殷夢霞、李強選編《外國人著清史八種》，第三冊，第 433 頁。
〔註 253〕殷夢霞、李強選編《外國人著清史八種》，第三冊，第 435 頁。
〔註 254〕通「凰」，下同。

撻伐二載而未成功，何哉？論者謂始則恃搏象之力，搏兔以為功，繼則孤軍深入苗巢前堅，實有羝羊觸藩之勢，兵頓烏草河、牛紼塘者，俱累月不得已，廣行招納，歸咎於客民爭占之滋釁，盡撤苗巢營汛四十八處，以期苗釋怨罷兵，如豢貪狼，養驕子，大功未就，賫志而沒。踵其後者，承士卒之疲勞，國帑之糜費，又值川楚事急，倉黃移師北去，於是苗志得氣滿，不可收拾。鼐思民弱則苗強，民強則苗弱，因而衛民以壯其氣，練勇以摧其鋒。碉堡既成，我墉斯固，堅壁清野，無可覬覦，而後入其穴，扼其吭。』」〔註 255〕「福、和二大帥」指福康安、和琳。

《仁宗紀》中述：嘉慶「十六年，湖南布政使傅鼐卒，詔以其捍災禦患，有功德於民，立其祠苗疆，贈巡撫。初，嘉慶初，湖北、四川教匪方棘，諸將移征苗之師而北，草草奏戡定，月給降苗塩糧銀羈縻之，而苗氣愈驕。鳳凰廳同知傅鼐有文武材，知苗愈撫愈驕，且民弱苗強也，乃團其丁壯，而碉其要害，十餘碉則堡之。年餘犄角漸密，邊牆亙山澗，哨臺中邊牆，礮臺橫其衝，碉堡相其宜。凡修此數者，近石以石，遠石以土，外石中土，留孔以槍，堀濠以防。又日申戒其民曰：『勉為之，不可失也。是有三利：矢不入，火不焚，盜不踰。有三便：族聚，故心固；扼要，故數敷；犄角，故勢強。』民競以勸，百堵皆作。會四年，苗悉出掠，大殲之，苗氣始奪。六年，而貴州變起，斬苗二千餘，三日掃穴平。由是師行所至，至萬山讋服，納兵恐後，羅拜犒迎。時嘉慶十一年也。事聞，詔各省以鼐練鄉勇法練官兵。鼐上巡撫書有言：『均田屯丁，自養自衛，所以一勞永逸於終也。通力合作，且戰且耕，所以招亡拯患於始也。大抵使兵農為一以相衛，使民苗為二以相安，遂同學校，同考試。』十三年，屯務竣，入覲。詔：『傅鼐專司苗疆十有餘載，鋤莠安良，除弊興利，修置碉堡千有餘所，屯田十有二萬畝，收恤流民十餘萬戶，屯兵練勇八千人，追繳苗寨兵器四萬餘件。復勤墾〔註 256〕化導，設書院六，義學百。楚苗駸駸，向籲求考試，遂已革面革心。朕久聞其任勞任怨，特因未識其人，今日召見，果安詳諳練，明白誠實，洵傑出之材，堪為封疆保障，其即加按察使銜，用風有位。』」〔註 257〕。傅鼐基本控制苗疆在嘉慶十年，而非十一年。這兩段記述對《清史攬要》中的傅鼐形象有所補充。

〔註 255〕殷夢霞、李強選編《外國人著清史八種》，第三冊，第 602～603 頁。

〔註 256〕應為「懇」。

〔註 257〕殷夢霞、李強選編《外國人著清史八種》，第四冊，第 38～40 頁。